웃지 마, 니들 얘기야

잊힌 룸펜, 흙수저와 문화자본가로 전락한 좌파

웃지 마, 니들 얘기야
잊힌 룸펜 흙수저와 문화자본가로 전락한 좌파

2016년 7월 29일 1판 1쇄 인쇄
2016년 8월 1일 1판 1쇄 발행

지은이	장의준
펴낸이	한기호
편집인	김종락
출판기획	대안연구공동체
편집·디자인	프로므나드
펴낸곳	길밖의길
출판등록	2015년 7월 6일 제 2015-000211호
주소	121-839 서울시 마포구 동교로 12안길 14(서교동) 삼성빌딩 A동 2층
전화	02-336-5675
팩스	02-337-5347
이메일	kpm@kpm21.co.kr
홈페이지	www.kpm21.co.kr
ISBN	979-11-955852-9-8 02300

길밖의길은 한국출판마케팅연구소의 임프린트입니다.
책값은 뒤표지에 있습니다.

머리말

 신이 물었다. "네 아우는 어디 있느냐?" 그러자 카인이 대답했다. "내가 그를 지키는 자이니까?"(구약성서, 창세기 4장 9절)

 이 글은 최근 논란이 되었던 한 대학생의 죽음에 의해서 촉발되었다. 그는 자살했다. 이 젊은 생명의 자발적 죽음은 나에게 물음을 던졌다. '네 이웃이었던 그 젊은이는 어디 있는가?' 이 질문은 내 이웃이 왜 그렇게 사라졌는지에 대해서 내게 묻고 있다. '누가 그를 지키는 자일까?' '그를 지켜 주어야만 했던 것은 누구일까?' '그것은 우파인가 좌파인가?' 물음은 이어진다. '없는 이들의 죽음이라는 문제에 있어서 근본적으로 책임이 있는 자는 누구인가?' '그것은 우파인가 좌파인가?' 물음은 꼬리를 문다. '없는 이들의 죽음으로 인해서 가장 괴로워해야만 할 자는 누구인가?' '그것은 우파인가 좌파인가?' 물음은 계속된다. '누가 없는 이들의 참된 이웃인가?' '그것은 우파인가 좌파인가?' 이제 물음이 겨누는 대상은 보다 뚜렷해진다. '만일 없는 이들의 참된 이웃이자 그들의 고통을 가장 애통해하는 자이자, 그들을 지켜 줄 책임을 지닌 자가 바로 좌파이어야만 한다면, 왜 좌파는 그를 지키지 못했는가?' 이 글은 그의 죽음에 대한, 보다 엄밀하게 말하자면 그의 죽음이 야기한 저 질문들에 대한 나의 대답이다. 아니, 대답으로서의 물음이다.

이 사회에는 남들보다 유독 빨리 사라져 가는 사람들이 있다. 없는 자들이다. 이 가련한 룸펜 흙수저들은 자본주의 사회의 구조적 모순으로 인해서 남들보다 더 많이 고통받다가 남들보다 더 빨리 죽어 가고 있다. 이렇게 다른 이들보다 유난스럽게 더 많이 고통받으며, 다른 이들보다 유독 빨리 죽어 가는 없는 자들은 다른 이들보다 훨씬 더 빈번하게 자살의 위협에 노출되어 있다. 말하자면 남들보다 빨리 사라져 가는 없는 자들 중에서도 유독 더 빨리 사라져 가는 사람들이 있는 것이다. 물론 사회 전체의 자원에서 볼 때, 자살하는 이들은 소수이다. 그러나 이 소수 중 대다수는 없는 자들이다. 그렇다. 자본주의 사회에서 가진 것이 없다는 것은, 흙수저를 물고 태어 난다는 것은 더 많은 고통을, 더 빠른 죽음을, 그리고 더 높은 자살률을 의미한다. 요컨대 아프니까 청춘이 아니라 쥐뿔도 없는 주제에 감히 자본주의 체제 속에서 살아남아 있으니까 아픈 거다. 다만 무엇을 위해 (삶의 목적) 혹은 무엇 때문에(존재 이유) 아프냐는 것은 별개의 문제일 수 있다. 무의미한 아픔, 무의미한 고통은 때로 우리를 죽음으로 내몬다. 그러나 아픔이나 고통 속에서 내가 어떤 의미를 찾을 수만 있다면, 달리 말해서 내가 어떤 의미 있는 것을 위해 혹은 그 의미 때문에 고통받는다면, 나의 고통이 의미 있는 고통이라면, 나는 피를 철철 흘리면서도 어떻게든 삶을 지탱해 나갈 수 있다. 그런데 혁명을 부인하고 상징재벌이 되어 버린 좌파 문화자본가들은 바로 이러한 의미 있는 고통의 가능성을 사전에 차단해 버렸다. 좌파는 자신들의 발생적 존재 이유인 없는 자들을 망각하고 배신한 것이다. 바로 이것이 이 글이 주장하고자 하는 좌우로 꼬인 한국 정치 상황에 대한 진단이다.

다시 저 대학생의 죽음 문제로 돌아와 보도록 하

자. 그가 남긴 유서의 내용은 다음과 같다.

"[...] 힘들고 부끄러운 20년이었습니다. 저를 힘들게 만든 건 이 사회고, 저를 부끄럽게 만든 건 제 자신입니다. 하지만 이제는 괜찮습니다. 더 이상 힘들고 부끄러운 일은 없습니다. 지금은 제 인생에서 가장 행복한 순간입니다.

많은 이들이 이렇게 말했습니다. '남은 사람들을 위해서라도 죽으면 안 된다.' 엄마도 친구도 그러더군요. 하지만 이는 저더러 빨리 죽으라는 과격한 표현에 불과합니다. 저를 힘들게 만든 게 누구입니까. 이 사회, 그리고 이를 구성하는 '남은 사람들'입니다. 죽는 것조차 마음대로 못 하고, 나를 괴롭힌 그들을 위해서 죽지 못하다니요.

또 죽는다는 것이 여러분이 생각하는 것만큼 비합리적인 일은 아닙니다. 이걸 주제로 쓴 글이 '글쓰기의 기초' 수업에서 좋은 평가를 받았으니 제 유서에 써도 괜찮은 내용일 겁니다. 제가 아는 경우에 대해서, 자살은 삶의 고통이 죽음의 고통보다 클 때 일어납니다. 다분히 경제적인 사고의 소산입니다.

말이야 이렇게 했지만, 그렇다고 저를 너무 피도 눈물도 없는 사람으로 보지는 말아 주십시오. 20년이나 세상에 꺾이지 않고 살 수 있던 건 저와 제 주위 사람들에 대한 사랑 때문입니다.

아직 날갯짓 한 번 못 한 제가 아까워 잠실대교에서 발걸음을 돌렸고, 제가 떠나면 가슴 아파할 동생과 친구들을 위해 옥상에서 내려온 게 수차례입니다.

지금은 너무 힘이 듭니다. 동시에 부끄럽기까지 합니다. 제 자신과 세상에 대한 분노가 너무 큰 고통으로 다가옵니다. 이만 꺾일 때도 됐습니다.

무엇이 저를 이리 힘들게 했을까요? 제가 일생동안 추구했던 가치는 합리입니다. 저는 합리를 논리 연산의 결과라 생각합니다. 어느 행위가 합리적이라 판단하는 것은 여러 논리에서 합리적이라고 규정하는 것에 부합하기 때문입니다.

하지만 이 세상의 합리는 저의 합리와 너무나도 달랐습니다. 그렇다고 그걸 비합리라고 재단할 수 있는가 하면 또 아닙니다. 그것들도 엄밀히 논리의 소산입니다. 먼저 태어난 자, 가진 자, 힘 있는 자의 논리에 굴복하는 것이 이 사회의 합리입니다. 제 개인적으론 비합리라 여길 수 있어도 사회에서는 그 비합리가 모범답안입니다.

저와는 너무도 다른 이 세상에서 버티고 있을 이유가 없습니다. [...] 저는 금전두엽을 가지지도 못했으며, 생존을 결정하는 것은 전두엽 색깔이 아닌 수저 색깔이군요. [...]

맛있는 걸 먹고 싶습니다. 이 글을 쓰면서 목이 너무 말라 맥

주를 찾았지만 필스너우르켈은 없고 기네스뿐이어서 관뒀습니다. 처갓집 양념치킨을 먹고 싶지만 먹으면 메탄올의 흡수 속도가 떨어질까 봐 먹지 못하겠네요.

혹시 제가 실패하더라도 저는 여러분을 볼 수 없을 겁니다. 눈을 잃게 되거든요. 오셔서 손이나 잡고 위로해 주십시오. 많이 힘들 겁니다.

제가 성공한다면 억지로라도 기뻐해 주세요. 저는 그토록 바라던 걸 이뤘고 고통에서 해방됐습니다. 그리고 오셔서 부조 좀 해 주세요. 사랑하는 우리 동생 **이가 닭다리 하나나 더 뜯을 수 있게 해 주세요. [...]

마지막으론 감사를 전해야겠습니다. 우울증은 상담치료와 약물치료로 완화됩니다. 상담치료로썬 환자의 말을 잘 들어 주고 공감해 주는 것도 있지만 '실질적'인 위로를 주는 것이 중요합니다. 근거도 없는 '다 잘 될 거야' 식의 위로는 오히려 독입니다. 여러분의 사랑하는 사람이 우울증으로 괴로워할 때 저런 말은 절대 해서는 안 된다는 것을 기억해 주세요. [...]

이곳저곳에 퍼뜨려 주세요... 육체는 죽어도 정신은 살고 싶습니다."

저 학생에게 삶이란 너무 힘들고 고통스런 것이

었다. 그가 남긴 유서에 의하면 그는 자살은 삶의 고통이 죽음의 고통보다 클 때 일어난다는, 즉 자살은 다분히 경제적인 사고의 소산이라는 '합리적'인 생각을 갖고 있었다. 그는 고통 속에서도 자살과 살아남음 사이에 위치한 경계 주변을 힘들게 넘나들며 망설이고 또 망설이며 다분히 불합리하게 버텨 왔다. 그러다가 문득 '이만 꺾일 때도 되었다'고 확신했고 돌이킬 수 없을 마지막 결단을 실행했다. 왜 그는 이제 자살할 때가 되었다는 확신을 갖게 되었을까? 어떤 계기로 인해서 그는 고통 속에서도 무거우나마 질질 끌어 오던 삶을 떠날 결심을 하게 되었던 것일까? 그가 자살에 관한 상념을 자살의 실행으로 옮겼던 이유는 무엇일까?

추정하건데 그 이유는 그가 고통스러운 삶을 지탱할 이유가 없다는 사실을, 즉 삶의 의미가 부재한다는 사실을 확인했기 때문이었던 것으로 보인다. 그는 유서에서 "저와는 너무도 다른 이 세상에서 버티고 있을 이유가 없습니다"라고 말했다. 비록 삶이 고통스럽더라도 이 세상이 그간 그가 추구해 왔던 가치나 의미와 부합한다고 생각할 수 있었다면, 그는 어떻게든 살아남았을지 모르는 일이다. 그가 '일생 동안 추구했던 가치'는 '합리'였다. 반면, 그가 보기에 이 세상을 지배하고 있는 가치는 '비합리'였다. 즉 "먼저 태어난 자, 가진 자, 힘 있는 자의 논리에 굴복하는 것"이 합리로 통용되고 있었던 것이다. 그는 그 자신이 늦게 태어난 자이고 가지지 못한 흙수저이며 힘없는 약자라고 여겼던 것으로 보인다. 서울에 소재한 명문대에 재학하고 있었음에도 불구하고 그는 자신의 학력만 갖고서는 사회적 생존 조건을 만족시키기에 부족하다고 생각했던 것이다. 그는 유서에서 삶의 질을 결정하는 것은 바로 수저의 색깔, 즉 집안에 돈이 있고 없음의 여부라고 지적하고 있다. 경제력 있는 집안에서 태어나느냐, 그렇지 않느냐가 삶의 질을 결정하는 상황은 그의 합리성에 비춰 볼 때 비-합리적이었다. 결국 그는 자신의 합리와 세상의 합리가 일치하지 않는다는 것을 깨달았고, 자신이 삶에 부여했던 의미나 가치가 무의미하다고 확신하게 되었다. 그리고 그 결과, 더 이상 이 고통스러운 삶을 어렵게 지탱해 나가지 않아도 된다고 결심하게 된 것이다.

그렇다. 문제는 의미였던 것으로 보인다. 고통 속에서 살아가던 누군가가 아주 힘겹게나마 자신의 삶을 지탱시켜 줄 수 있는 하나의 의미를 발견해 내었다고 가정해 보자. 그리고 그 의미와의 관계를 지속적으로 유지하기 위해 역시 힘겹게 하루하루를 버티면서 살아가고 있다고 가정해 보자. 만일 이 의미가 그저 허상에 불과하다는 사실이 밝혀진다면, 또는 이 의미 자체가 무의미하게 느껴진다면 어떻게 될까? 그래도 이 의미가 삶을 지탱해 줄 수 있을까? 저 학생은 자신이 발견해 내었고 힘겹게 관계를 맺어 왔던 삶의 의미, 즉 '합리'가 비합리적인 이 세상 속에서 실제적으로 무의미한 것은 아닌지에 대해서 질문을 계속해서 던져 왔을 터이다. 그러다 결국 자신의 의미가 무의미하다고 대답하게 되었을 터이다. 바로 이러한 대답의 결과로 그는 이 세상에서 사라져 갔던 것이다.

하지만 저 학생처럼 어떤 의미가 상실되거나 박탈되는 경우, 그것은 반드시 자살에 대한 상념으로, 그리고 결국 자살의 결단으로 귀결될 수밖에 없는

가? 자살이 성립하기 위해서는 삶이 가치가 없거나 삶이 의미가 없다는 판단만으로는 충분하지 않은 듯하다. 또 하나의 조건이 필요하다. 바로, 삶이 주는 고통이다. 유서에서 저 학생은 자신의 삶이 힘들었다는 사실을 여러 차례 강조하고 있다. 우울증에 관해서도 언급한다. 이를 통해 짐작하건대 그는 우울증 치료를 받은 적이 있었던 것으로 보인다. 현대 정신 의학은 아직도 우울증의 원인을 명확하게 규명하지 못했지만 유전적인 요인이 큰 것으로 추정하고 있다. 하지만 우울증의 심화나 악화 문제는 다르다. 환경적 요인이 더 중요하다. 설령 우울증에 걸리게 되었다고 하더라도 환경만 좋으면 비교적 손쉽게 회복될 수 있다는 말이다. 반면 환경이 나쁘면 예후 역시 안 좋을 확률이 높다. 더 쉽게 말해 삶의 질이 대체로 높은 부자들이 우울증에 걸릴 경우 쉽게 회복되는 경향이 있다면, 삶의 질이 형편없이 낮은 흙수저 룸펜들은 우울증에 걸릴 경우 쉽게 회복되지 못하는 경향이 있다. 또한 삶의 질이 낮은 이들은 우울증을 발병시킬 수 있는 환경에 보다 많이 노출되어 있다. 이것은 무엇을 의미하는가? 없는 이들이 있는 이들보다 우울증에 걸릴 확률은 더 높으면서도 회복될 확률은 있는 이들보다 더 낮다는 것이다. 요컨대, '유전무죄, 무전유죄'는 정신질환에 있어서도 '유전무병, 무전유병'이라는 형태로 유효하다는 것이다. 사실 자본주의 사회에서 없는 자들은 경제적인 차원뿐 아니라 문화적인 차원에서도 고통받고 있다. 우울증은 그 어떤 외부적 요인과 상관없이 그 자체로 고통스러운 질환이다. 그런데 만일 질 나쁜 환경과 같은 외부적 요인이 가세할 경우 환자의 우울증은 더 악화되고, 그로 인해 고통의 정도도 더 심해질 수 있다. 없는 자들이 겪는 저 이중적 고통이 우울증의 가장 유력한 외부적 요인이 아닐까? 오늘날 자본주의 사회 속에서 가난은 단순히 육체적인 고통만이 아니라, 영과 육을 모두 아우르는 전인적인 고통을 의미하게 된 것이다. 우울증을 겪으며 자신의 삶의 질이 점차 낮아질 것이라는 것을 예상하고 고통스러웠을 저 학생은 단순히 삶의 의미를 잃어버리게 되었기 때문에 자살을 결심한 것이 아니라, 너무나도 고통스러운 삶에 의미마저 부여할 수 없기에 자살을 결심했던 것이다.

카뮈 Albert Camus는 『시지프의 신화 Le mythe de

Sisyphe』에서 참으로 진정한 철학적인 문제는 단 한 가지뿐이라고 주장한다. 바로 자살이다. 인생이 살 만한 가치(의미)가 있는지 없는지 판단하는 것이야말로 철학의 가장 근본적인 물음에 대한 대답이라는 것이다. 저 학생은 '삶의 고통이 죽음의 고통보다 클 때' 자살이 실행된다는 사실을 명확하게 인지하고 있었다. 그렇다면 이제 우리는 의미와 고통, 이 두 가지를 종합해서 자살의 문제를 생각해 볼 수 있을 것이다. '인생이 살 만한 가치(의미)가 있는지' 여부를 묻는다는 것은 저 학생에게 있어서는 '고통스러운 인생도 살 만한 가치(의미)가 있는지' 여부를 묻는 것이었다. 삶이라는 고통이 의미 있는 고통인지를 묻는 것이었다. 이 질문에 대해서 저 학생은 대답했다. 삶이라는 고통은 무의미한 고통이다. 삶이 무의미한 고통이라는 것은 곧 사는 것이 죽는 것보다 못하다는 것을 뜻한다. 바로 이것이야말로 자살을 택하는 모든 이들의 실제적인 이유이리라. 고통스럽게 살아 있어야만 할 아무런 뜻도, 이유도, 의미도, 의의도, 목적도 찾아내지 못할 때 우리는 자살을 결심하는 것이다.

이제 우리는 저 학생이 자살 직전에 쓴 유서에서 "지금은 제 인생에서 가장 행복한 순간입니다"라고 말했던 이유를 이해할 수 있다. 삶이 무의미한 고통이라면, 삶이 죽음보다 못하다면, 자살이 이 비루한 인생보다 더 나쁠 이유가 없는 것이다. 아니, 자살이 사는 것보다 오히려 더 낫다. 최소한 고통은 없애 주니까 말이다. 그렇다. 저 학생에게 있어서 자살은 곧 지독하면서도 무의미하기까지 한 고통으로부터의 해방을 의미했던 것이다. 그렇기에 자살 직전에 그는 행복감을 느낄 수 있었던 것이다.

정리하자. 자살의 상념에 빠지고 자살을 결행하기 위해서는 삶의 무의미만으로, 삶의 고통만으로는 충분하지 못하다. 오직 이 둘이 함께 할 경우에만 삶은 '무의미한 고통'으로 다가온다. 그래서 누군가는 삶의 바깥을 향해 떠날 것을 비로소 진지하게 생각하기 시작한다. 우리는 의미 있는 고통은 견딜 수 있다. 이와 달리 무의미한 고통은 우리를 그 바깥으로, 죽음의 영역으로 몰아낸다. 하지만 어차피 삶은 고통이 아니던가? 게다가 어차피 삶 자체가 고통이라면, 결국 문제는 의미일 수밖에 없을 것이다. 삶과 죽음의 갈림길 앞에 서는 문제, 자살하느냐 마느냐의 문제는 결국 의미의 문제인 것이다.

　사적인 의미는 일단 논외로 하고 공적인 의미를 가장 잘 다루는 이들은 누구인가? 바로 이데올로그들이다. 있는 자를 위한 의미를 지켜 주는 것은 우파 이데올로그의 과제이며, 없는 자를 위한 의미를 제시해 주는 것은 좌파 이데올로그의 과제이다. 그리고 이는 곧, 좌파들이 없는 이들이 겪고 있는 의미의 부재 문제에 책임이 있다는 것을 의미한다. 한국의 좌파 이데올로그들은 없는 자들의 고통에 의미를 부여해 주는 일에 실패했다. 우리보다 앞서 스스로 사라져 간 저 학생의 사회 분석은 정확했다. 저 학생은 고작해야 사민주의일 뿐인 좌파들의 쩨쩨한 목표가 실상 자본주의 체제의 권능 앞에서 무의미할 정도로 무력하다는 사실을 날카롭게 포착해 내었던 것이다. 아무리 사회안전망이 개선되고 확충된다 하더라도 이 사회가 자본주의 사회에 머무는 한 경제적 약자들은 여전히 존재할 것이며, 부의 증식은 여전히 부에 의거할 것이다. 그렇게 박탈당한 자들은 여전히 아무런 의미도 없이 지질하고 비루하며 참담하게 살아갈 수밖에 없다는 사실을 그는 몹시 우울한 눈으로 꿰뚫어 보았던 것이다.

지옥에 관련된 두 가지 이야기가 있다. 하나는 아름다운 이야기이고, 다른 하나는 웃기는 이야기이다. 기독교 신자인 조카들에게 물었다. "만일 너희들이 천국에 가게 되고 엄마는 지옥에 가게 되었을 때, 너희들에게 선택권이 주어진다면 엄마와 함께 있기 위해 지옥에 갈 수 있겠느냐?" 아이들은 잠깐 망설이다가 "그럴 수 없다"고 대답했다. 사랑이 설익은 아이들다운 대답이었다. 이번에는 아이들의 엄마인 누나에게 물었다. "만일 누나는 천국에 가게 되고 누나 자식들 중 하나가 지옥에 가게 되었을 때, 누나에게 선택권이 주어진다면 그 자식과 함께 있기 위해 지옥에 갈 수 있겠어요?" 대답은 "그렇다"였다. 그렇다. 누군가를 사랑한다는 것은, 누군가의 참된 이웃이 된다는 것은 이러한 것이다. 이번에는 웃기는 이야기다. 지옥에 두 사람이 있다. 영원한 고통을 받고 있던 그들 앞에 천사가 나타나 소원을 하나씩 이뤄주겠다고 제안한다. 한 사람이 말한다. "저를 천국으로 보내 주세요." 그러자 그 사람은 '뽕!' 하고 천국으로 갔다. 천사는 남은 한 사람에게도 소원을 묻는다. 그러자 그는 이렇게 대답한다. "혼자 있으니까 외로워서 힘드네요. 아까 그 사람을 다시 불러주세요." '뽕!' 웃기는가? 하지만 저 남은 한 사람이 저지른 일이 바로 한국의 좌파들이 하는 짓거리가 아닌가? 자본주의 사회를 지옥이라고 상상해 보자. 그리고 없는 자들을 자본주의 사회라는 지옥에서 벗어나 탈-자본주의 사회라는 천국으로 갈 수 있기를 소망하는 자들이라고 생각해 보자. 그렇다면 한국의 좌파 이데올로그들은 자본주의 사회라는 지옥 속에 끝까지 남아 있기를 소망하는 자들임에 틀림없다. 사실상 이들은 자본주의 체제가 전복되는 것을 바라지 않는다. 물론 이들은 노동자나 서민을 위한 정치를 부르짖는다. 하지만 이들의 목표는 어디까지나 자본주의 체제의 존속을 전제로 한다. 즉 그들은 결손된 부분을 채우고 보수하며 자본주의 사회를 개선시키길 원하는 것이다. 그러나 이것은 우파도 얼마든지 할 수 있는 일이다. 왜 한국의 좌파 이데올로그들은 탈-자본주의적 혁명을 바라지 않는 것일까? 본문에서 논의될 내 주장을 미리 내놓자면 그 이유는 이렇다. 상징자본을 경제자본으로 전환시키는 가운데 꽤 풍족하게 먹고사는 그들에게 한국 자본주의 사회는 지옥이라기보다는 오히려 천국이기 때문이다. 그런 그들에게 탈-자본주의적 유토피아 사회가 오히려 지옥이기 때문이다. 더 괘씸한 사실은 이들이 탈-자본주의적 혁명을 방해하기까지 한다는 것이다. 그렇다. 당신들, 자칭 좌파들은 천국을 포기하고 이웃을 위해 지옥으로 내려오기는커녕 기존 체제하에서 누리고 있는 문화자본가라는 신분을 유지하기 위해 없는 자들을 '당신들의 천국'인 이 지옥에 붙잡아 두고 있는 것이다. 애들이라면 그럴 수도 있다. 하지만 당신들이 그러면 안 되는 것이다.

"그리고 예수는 그들에게 말했다. 오 어리석은 자들이여, 선지자들이 말한 모든 것들을 믿기에 더딘 마음을 지닌 자들이여! 그리스도가 이런 고통을 받고 자기의 영광에 들어가야 하지 않겠는가?"(신약성서, 누가복음 24장 25-26절)

기독교인이 언제 추락한다고 생각하나? 주일날 교회에 가지 않았을 때? 천만에. 건축헌금을 내지 않앉을 때? 천만에. 포교를 안 했을 때? 천만에. 이웃을 사랑하는 것을 잊었을 때이다. 지금 여기서 고통받고 있는 이웃들을 위한 단 하나의 해답이 피안의 도래라는 사실을 잊었을 때, 도래할 유토피아의 영광을 위해 산다는 것이 고통스럽다는 것을 잊었을 때이다. 비-그리스도적 현실 속에서 그리스도를 본받아 산다는 것이 몹시 고통스럽다는 사실을 잊었을 때이다. 좌파가 언제 추락한다고 생각하나? 선거에서 실패했을 때? 천만에. 음모론을 통한 대중 선동이 안 먹힐 때? 천만에. 재산 신고 액수나 뇌물 수수 액수가 우파의 10분의 1밖에 안 되어도 그 도덕성을 의심받을 때? 천만에.

조지 밀러 감독의 영화 「매드 맥스: 분노의 도로 Mad Max: Fury Road」(2015)는 메마른 디스토피아를 그려 내고 있다. 핵전쟁 이후 세계는 거대한 사막이 되어 버렸고, 시타델의 주민들은 물과 권력을 독점한 임모탄 조의 독재 아래 고통을 받는다. 맥스와 퓨리오사는 시타델의 여인들을 데리고 퓨리오사의 고향인 젖과 꿀이 흐르는 녹색 땅 Green Land을 향해 떠나간다. 그러나 모진 고생 끝에 당도한 녹색 땅은 이미 오래 전에 사막이 되어 버렸고, 퓨리오사는 절망한다. 혁명은 여기서 시작된다. 이 세계 어디를 가든지 사막밖에 없다는 사실의 깨달음 속에서, 이 세계 속에는 더 이상 녹색 땅, 희망이 존재하지 않는다는 사실의 깨달음 속에서 혁명은 시작된다. 모든 가능한 희망의 부재 속에서 혁명이 시작되는 것이다. 녹색 땅을 되찾는 유일한 길은 임모탄 조의 통치를 전복시키고 그들에게 남아 있는 씨앗들을 물이 있는 시타델에 심는 것뿐이라는 사실을 맥스와 퓨리오사 일행이 직시하게 된 것이다.

영화가 묘사하는 사막을 '자본주의 체제'에, 그리고 녹색 땅을 자본주의 체제하에서 억압받는 자들의 '구원' 혹은 '해방'에 대입시켜 보자. 체제에 순응한 좌파들은 자본주의 속에, 즉 온통 자본주의화된 이 세계 속에 구원이 있다고 주장한다. 이 세계 어딘가에 녹색 땅이 존재한다고 그들은 말한다. 즉 그것이 사민주의이든 복지국가이든 자본주의 체제(의 어느 한 시점) 속에서 우리가 해방에 도달할 수 있다는 것이다. 맥스와 같은 반-체제 좌파들은 자본주의 체제 바깥에 구원이 있다고 주장한다. 이 세계 속에는 녹색 땅이 존재하지 않으며 자본주의 체제의 전복을 통해서만 우리가 해방에 도달할 수 있다는 것이다. 마르크스와 엥겔스가 「공산당 선언」에서 "노동자에게는 조국이 없다Die Arbeiter haben kein Vaterland"고 말한 것도 바로 이런 의미에서다. 노동자의 참된 조국은 오직 조국의 바깥에, 자본주의적 정경유착 체제의 바깥에 있는 것이다.

 그렇다면, 한국 좌파 이데올로그들의 참된 조국은 어디에 있는가? 이 글이 완성되어 가고 있던 무렵인 4월 초순은 2016년 총선을 앞두고 있던 시기였다. 이때 야당은 지난 선거들에서도 늘 그래 왔던 것처럼 보수층의 표를 끌어 모으기 위해 조국에 대한, 자본주의 체제에 대한 신앙고백에 한창 열을 올렸다. 대선을 앞두고 있는 지금, 야당의 유력한 대권 주자 중 한 명인 서울 시장은 전 대통령을 기념하는 '노무현 루트'를 만들겠다고 선포하며 이순신에서 박정희로 이어지는 '칼의 노래' 루트를 내 낯이 다 뜨거울 정도로 화끈하게 미메시스하고 있다. 칼 라일에서 나치로 이어지는 서유럽의 영웅 숭배 사상, 남미의 복지 포퓰리즘, 그리고 신자유주의가 교묘히 배합된 이 이념의 비빔밥의 향연 속에서, 마르크스와는 많이 멀고 르펜과는 제법 가까운 이 지독하게 몰취향적인 다국적 민족주의의 퓨전 총체극 속에서, 2015년 한 해 동안에만 500만 명 이상의 기아 사망자를 야기한 자본주의 체제의 구조적 모순 때문에 고통받는 이들이 신음처럼 뱉어내는 '빵의 노래'는 가려져 들리지 않는다. 복지 영웅들이 상식이라는 이름으로 영도하는 민족의 부흥을 찬미하는 저 눈부시게 화려한 애국의 무대 뒤편에서 조국이 없는 이들, 즉 분명히 좌파가 그들의 참된 이웃이 되어 주었어야만 할 과부, 고아, 이방인들은 방치되고 망각된 채로 쓸쓸히 죽어 가고 있는 것이다.

만일 혁명을 신앙(의 대상)에 비유할 수 있다면, 한국의 좌파 이데올로그들은 무신론자들이다. 혁명의 실현 가능성에 대한 믿음을 잃었기 때문이다. 현실 사회주의의 실패 이후 그들은 "혁명은 죽었다"라는 불경한 선포를 기정사실로 받아들인 듯이 보인다. 그들은 오직 보이는 것들만, 세계 속에서 지각perception할 수 있는 것들만, 합리적으로 설명될 수 있고 알려질 수 있는 현상들만 믿기로 작정한 것처럼 보인다.

그래서 그들은 세계화된 자본주의 체제의 바깥에 있어야만 하는, 즉 세계 바깥에 있어야만 하는 인류 해방으로서의 체제 전복 또는 혁명의 가능성 대신에 자본주의 체제 속에 있어야만 하는, 세계 속에 있어야만 하는 인류 해방으로서의 체제 개선의 가능성만을 믿기로 한 것처럼 보인다. 말하자면 그들은 보이는 이 세계 어딘가에, 이 자본주의 체제 어딘가에 녹색 땅이, 낙원이 존재하고 있다고 믿고 있는 것이다. 이들은 무신론자들이다. 그렇다. 한국의 좌파들은 도스토예프스키의 『카라마조프의 형제들』에서 대심문관의 일화가 그려 내고 있는 사제를 연상시킨다. 그는 현실 속에 재림한 예수를 부인한다. 한국의 좌파 문화자본가들은 오늘날 마르크스가 재림한다 하더라도 부인할 작자들이다.

사실 신앙을 갖는다는 것은 감각 경험과 과학적인 증거를 통해 확인된 어떤 것을 믿는 것이 아니다. 이렇게 합리적으로 증명될 수 있는 것은 믿어야 할 대상이 아니라 알아야 할 대상이다. 내가 지금 해가 떠 있는 것을 눈으로 볼 수 있을 경우, 나는 지금 해가 떠 있다는 것을 알고 있는 것이지 믿고 있는 것은 아니다. 이 경우 지금 해가 떠 있다는 믿음의 결단을 내리기 위해 나의 의지는 그 어떠한 갈등이나 고뇌도 겪을 필요가 없다. 반면에 신앙을 갖는다는 것은 보이지 않는 어떤 것, 알려질 수 없는 어떤 것, 합리적인 방식으로 증명될 수 없는 어떤 것을 모든 가능한 위험들에 노출되는 것을 감수하면서까지 믿는 것을 의미한다. 이를 테면 현실의 나는 자본주의화된 이 세계의 바깥으로, 어둡고 캄캄한 동굴과도 같은 이 절망의 세계 바깥으로 전혀 나갈 수가 없는 상황이지만 그럼에도 불구하고 지금 바깥에서 밝고 찬란한 혁명이 우리를 기다리고 있다고 믿을 수 있는 것이다. 그렇다면 혁명을 믿지 않는, 신앙을 잃은 좌파 이데올로그들은 도대체 무엇을 하고 있는 것인가? 만일 혁명을 믿는 이들이 참으로 기름부음을 받은 자들이라면 혁명을 믿지 않는 이들, 불-신앙 좌파들은 기름부음받은 코스프레를 하고 있다. 좌파가 아니라 좌파의 시뮬라크르, 저항이 아니라 저항의 가상, 바깥을 가리키는 것이 아니라 안에 처박혀 버린 거짓 선지자들…….

그렇게 그들은 마치 동굴 속이 전부라는 듯이 자

본주의 사회라는 안락한 동굴 속에 똬리를 틀고 안주하고자 작정하게 되었고 동굴 바깥의 세계, 유토피아를 망각하게 되었다. 자본주의 체제하에서 가장 고통받고 있는 이들을, 그들의 제1 이웃들을 망각하게 되었다. 그러나 윤리는 혁명이다. 그렇게 그들은 자본주의 체제에 순응하게 되었고, 체제를 정당화시키고 보수하는 역할을 하게 되었다. 그러나 윤리는 **혁명이다**. 그렇게 그들은 혁명의 가능성을 사전에 차단해 버리는 '룸펜들의 레임덕lame duck' 현상을 심화시키게 되었다. 그러**나 윤리는 혁명이다**. 그렇게 그들은 세계를 바꾸기 위해 인민들을 바른 길로 인도하는 선한 목자들이라 자처하면서도 막상 하고 있는 일이란 자신들의 문화자본을 증식시키기 위한 세계 해석이 전부인 문화자본가이자, 자신들의 양 떼를 유기한 선하지 않은 목자가 되어 버렸다. **그러나 윤리는 혁명이다.** 그렇게 그들은 이렇게 말했던 마르크스를 망각했고, 배신했다.

"Die Philosophen haben die Welt nur verschieden interpretiert, es kommt darauf an, sie zu verändern."

(Karl Marx, 『Thesen über Feuerbach』, 1888)

"철학자들은 세계를 그저 다양하게 해석하여 왔을 뿐이다. 중요한 것은 세계를 바꾸는 것이다."(칼 마르크스, 『포이에르바흐에 관한 테제』, 1888)

그렇다. 중요한 것은 오직 세계를 바꾸는 것뿐이다. 저 한없이 가냘프고 약한 이웃들을 지켜 줄 수 있는 방법은 오직 세계를 바꾸는 것뿐이다. 무의미의 과잉 그 자체인 이 세계 속에서 우리가 의미 있게 바랄 수 있는 유일하게 중요한 의미는 (설령 그것이 무의미할 정도로 불가능하다고 하더라도!) 혁명뿐이다. 만일 우리가 의미 있게 살 수 있기를 참으로 바란다면, 그리고 만일 윤리가 의미의 가능성의 조건이라면, 결국, 윤리는 혁명이다.

2016년 4월

장 의 준

차 례

머리말　3

서론 사용 설명서　31

서론: 병신예찬. 절룩거리는 우리, 룸펜들의 레임덕　38

본론: 체제의 유연화와 문화자본가들　61

   1. 체제의 유연화　65

      알튀세르와 이데올로기론　65

      아도르노와 문화산업: 체제 구조의 유연화　74

      푸코와 권력　80

   2. 부르디외와 문화자본가들　83

   3. 본론 정리: 오직 사라지면서만 존재하게 될

      좌파들을 위하여　98

결론　117

서론 사용 설명서

　서론, 「병신예찬. 절룩거리는 우리, 룸펜들의 레임덕」은 2015년 11월 12일 기독교 인터넷 신문인 「에큐메니안」에 게재되었던 글(「절룩거리는 우리: 병신들의 레임덕」)을 부분적으로 수정, 보완한 것이다. 그런데 이 글에서 사용된 '병신'이라는 표현에 대해서 한 독자가 댓글로 다음과 같은 문제를 제기했다.

　제목: '병신'이라는 말

　'병신'이라는 말
　어떤 뜻으로 글을 쓰신 줄은 알겠으나

그 어떤 이유를 달더라도
'병신'이란 말은 쓰면 안 되는 말입니다.
지나가며 읽다가 놀라서 몇 자 남깁니다.
'병신'은 장애인을 비하하는 말입니다.
혹 기분이 언짢으시다면 죄송합니다.

저 문제 제기에 대해서 필자는 대댓글로 답변했다. 혹시 이와 유사한 문제의식을 공유하고 있을지도 모르는 이들을 위해 답변을 옮겨 적는 것으로써, '병신'이라는 표현을 사용하는 데 필요할지도 모를 해명을 대신하고자 한다.

1. 안녕하십니까. 이 글을 쓴 장의준입니다. XXX님은 "그 어떤 이유를 달더라도 '병신'이란 말은 쓰면 안 되는 말입니다"라고 말씀하셨습니다. 이것은 곧 저 단어를 어떠한 경우에도 사용해서는 안 된다는 뜻일 테지요. 하지만 님은 댓글에서 '병신'이라는 단어를 제목까지 셈할 경우 4번이나 사용하셨습니다. 그리고 이는 님이 스스로 주장하신 원칙을 스스로 파기하셨다는 사실을 뜻합니다. 저 단어를 사용하지 말라고 말씀하시는 바로 그 말씀 속에서 저 단어를 사용하셨으니까요. 그렇다면 결국 님은 일관

되지 못하거나 모순된 주장을 하신 셈입니다.

    2. 그렇지만 이러한 제 지적은 님이 다신 댓글에 대한 표면적인 해석의 층위에서만 타당하다고 볼 수 있을 겁니다. 보다 전체적인 견지에서 볼 때, 그리고 비록 댓글 속에 적히진 않았지만 댓글의 여백에서 읽어 낼 수 있는 의미의 심층적 층위를 고려해 볼 때, 저는 님이 주장한 의미를 충분히 이해할 수 있습니다. 아마도 님은 저 단어의 금지 원칙에도 불구하고 예외적인 경우가 있다고 가정하는 것 같습니다. 저 단어를 절대로 사용해서는 안 된다고 주장하지만, 동시에 저 단어를 사용할 수 있는 특별한 경우를 인정하는 것 같다는 말입니다. 그 예외적인 경우가 바로 이번 댓글이었겠지요. 그러니까 이는 원칙적으로 금지된 저 단어를 사용할 수 있는 예외적인 경우가 있다, 바로 저 단어를 사용하고 있는 누군가에게 이의제기를 하거나 혹은 저 단어 사용에 있어서의 금지 원칙을 상기시켜 주는 경우다, 로 정리할 수 있습니다. 맞습니까?

    3. 만일 제 해석이 옳다면 저로서는 심히 유감입니다. 제 글 속에서의 저 단어 사용 역시 그 예외적인 경우에 속하기 때문입니다. 저는 타인을 비하할 목적으로 저 단어를 사용하는 이들이

갖고 있는 인식 구조에 대해 이의제기를 하기 위한 목적으로 저 단어를 사용하였습니다. 아시다시피 '병신'은 원래 '장애인'을 일컫는 말이었습니다. 하지만 사람들은 원래 '장애인'을 뜻하는 저 단어를 이른바 정상인들을 비하하고 모욕하기 위해 사용하기 시작하였고, 그래서 욕이 되어 버렸습니다. 그리고 '장애인'이란 단어도 마찬가지의 길을 걷고 있는 것으로 보입니다. 현재 적지 않은 사람들이 '장애인'이라는 단어를 욕설로 사용하고 있습니다. 아마도 그래서 '장애우'라는 대안적 용어를 제시했던 사람들도 나온 것일 테고요. 요컨대 정신장애인이든 아니면 지체장애인이든 이들을 가리키는 단어는 언제 어디서나 욕으로 변질되어 온 것이 사실입니다.

4. 사실 이러한 현상은 보편적입니다. 예를 들어 미국에서 'handicapped person'라는 단어 대신에 'disabled person'이라는 단어가 사용되게 된 배경은 '병신'에서 '장애인'으로 대체한 배경과 동일합니다. 결국 이대로라면 우리가 장애인을 '병신'이라 부르든, '장애인'이라 부르든, '장애우'라 부르든, '천사'라고 부르든, '대통령'이라 부르든 시간이 흐르면 욕으로 변질될 것이 틀림없습니다. 이대로라면 장애인을 지칭하는 단어는 그 어떠한 우아하고 고귀해 보이는 단어라도 언제나 사람을 욕하기 위

한 단어로 사용될 운명을 피할 수 없다는 말이지요. 사정이 이렇다면 단순히 '병신'이라는 단어를 사용하지 않는 것이 최선일까요? 아니면 멀쩡한 단어를 욕으로 바꾸는 사람들의 인식 구조를 바꾸려 노력하는 것이 최선일까요?

5. 제 글은 문제의 저 '인식 구조'에 변화를 야기하기 위한 목적으로, 또는 최소한 문제를 제기하기 위한 목적으로 작성되었습니다. 글에서 나타나는 일차적인 주제는 제가 '룸펜'이라 칭하는, 사회적으로 박탈당한 자들에 관한 문제입니다. 그리고 경제적이고 문화적인 이른바 정상인들은 '룸펜'들에 대한 자신들의 견해나 감정을 '병신' 혹은 그에 상응하는 다양한 단어들로 정리하곤 합니다. 저들을 '잠재적 범죄자'라고 부르든, '일베충'이나 '좌좀'이라고 부르든, '병신', '정신병자', '미친놈', '인간쓰레기', '가스통 할배', '빨갱이'라고 부르든 이 모든 표현들은 이른바 정상인들이 경제적이고 정치-문화적인 층위에서 어떤 방식으로 그리고 어떤 인식적 틀 속에서 '룸펜'들을 받아들이고 있는지를 가리키는 지표 기능을 하고 있다는 것입니다.

6. 바로 여기에서 제 글의 이차적인 주제가 나타나는데요. 저 어휘들이 이른바 정상인들이 공유하고 있는 '룸펜'에 대한 인

식 구조를 지시할 수 있는 이유는 저 어휘들이 서로 호환 가능하다는 것을 암묵적으로 전제하고 있기 때문입니다. 예를 들어 개새끼나 병신새끼는 서로 호환 가능하지요. 저 단어들의 호환 가능성이야말로 왜 장애인들을 지칭하는 단어가 언제 어디서나 욕으로 변질될 수밖에 없는지를 설명해 주고 있는 사실 자체입니다. 적어도 '병신'을 욕으로 사용하거나 혹은 '병신'이 욕이라고 생각하고 있는 이들은 의식적으로든 무의식적으로든 장애인을 자신들보다 못하거나 덜 완전한 존재자로, 또 거리의 지저분해 보이는 비둘기만큼이나 불쾌하고 불편한 마음을 야기하는 존재자로 인식하고 있다는 것이지요. 저는 단순히 '병신'이라는 단어를 사용하지 않는 것보다는 오히려 멀쩡한 단어를 욕으로 바꿔 놓는 사람들의 인식 구조를 바꾸려 노력하는 것이 최선이라고 생각합니다. 그리고 이 글은 그러한 제 생각의 한 표현입니다.

'병신'이라는 단어를 사용하지 않는 것이 저 단어가 지시하는 이들을 위한 최선의 도덕적 실천이라고 생각하는 것은 저 단어의 저 지시작용 자체를 가능하게 하는 기호의 체계를, 언어 및 의식의 구조를, 생산양식을 털끝 하나 다치지 않은 채 고스란히 놓

아두는 데 동의하는 것이다. 그리고 이는 곧 기존의 현실을, 자본주의 체제를 철저히 긍정하는 것을 뜻한다. 이러한 도덕은 체제의 냉기로 떨고 있는 사람의 언 발에 오줌을 누는 것이 진보라고 생각하는 착각일 뿐이다. 이러한 도덕은 얼핏 보기에 냉혹한 현실에서 기인하는 도덕적 책무감이라는 혹독한 긴장으로부터 잠시나마 따스한 배설의 해방을 약속해 주는 것 같지만 오직 나의 자의식만을 매우 저렴하면서도 훈훈하게 데워 줄 뿐인 정신승리, 즉 *좌*(자)부심을 그 특징으로 하는 부르주아 허위 도덕, 선의 환영, 위선일 뿐이다. 그러나 윤리는 혁명이다.

서론: 병신예찬. 절룩거리는 우리, 룸펜들의 레임덕

시간이 흘러도 아물지 않는 상처
보석처럼 빛나던 아름다웠던 그대
이제 난 그때보다 더 무능하고 비열한 사람이 되었다네
절룩거리네

하나도 안 힘들어 그저 가슴 아플 뿐인걸
아주 가끔씩 절룩거리네

깨달은 지 오래야 이게 내 팔자라는 걸
아주 가끔씩 절룩거리네

허구헌 날 사랑타령 나이 값도 못하는 게
골방 속에 처박혀 뚱땅땅빠바빠빠
나도 내가 그 누구보다 더 무능하고 비열한 놈이
란 걸 잘 알아
절룩거리네

하나도 안 힘들어 그저 가슴 아플 뿐인걸
아주 가끔씩 절룩거리네

지루한 옛사랑도 구역질 나는 세상도
나의 노래도 나의 영혼도 나의 모든 게 다 절룩거
리네

내 발모가지 분지르고 월드컵코리아
내 손모가지 잘라 내고 박찬호 이십 승
세상도 나를 원치 않아 세상이 왜 날 원하겠어
미친 게 아니라면

절룩거리네
절룩거리네

절룩거리네

절룩거리네

- 달빛요정역전만루홈런(이진원), 「절룩거리네」, 2004

 안녕, 병신 친구들아. 먼저 비속어가 가득한 이 글을 부디 양해해 주길 바라. 흑인들끼리 서로를 '니거nigger'라고 부르는 것은 전혀 문제될 게 없잖아? 믿어도 좋아. 아직은 부끄러워서 여기서 떳떳하게 그 이유를 밝히지는 못하지만 나는 병신 중에서도 성골 중의 성골, 뼛속 깊숙이 유전자와 호르몬의 층위에서 병신의 심신을 선택받은 어마어마한 상병신이야. 그러니까 이 글은 병신의, 병신을 위한, 병신에 의한 일종의 내부 비판인 셈이지. 그러니 내가 편하게 너희들을 병신처럼 취급하는 건 우리끼리니까 가능하다는 거 쿨하게 이해해 줬으면 좋겠어. 따라서 임신공격은 미리 격하게 사절한다.

 나는 지금 우리의 문화적 위상, 그중에서도 특히 정치-문화적 위상에 대해서 말하려고 해. 시간이 남아도는 병신 같은 너희들 중 몇몇은 이미 알고 있을

지도 모르지만 그 착한 마르크스 형아도 포기하고 버렸던 게 바로 우리들이지. '룸펜Lumpen', 정확히 말하면 '룸펜프롤레타리아트Lumpenproletariat'가 우리의 기원이야. 마르크스 형아는 자본주의 사회에서 가장 밑바닥에 있는 모든 종류의 부랑자, 건달, 창녀, 걸인, 도둑, 또는 범죄자 집단이나 사회가 버린 찌꺼기들로 그날그날 삶을 연명해 가는 쓰레기 같은 집단을 가리키기 위해 이 말을 사용했어. 사실 엄밀하게 말해서 '룸펜'은 프롤레타리아트, 즉 노동자 계층에 속한다고 볼 수도 없고 심지어 과잉인구로 분류될 수도 없어. 그래, '무능하고' 심지어 '비열한' 우리는 애초부터 사회학적으로 분류하기 힘들 만큼 처치 곤란한 쓰레기였던 셈이지.

저 위에 적힌 「절룩거리네」라는 노래를 만든 달빛요정역전만루홈런은 고작 연봉 1200만원이라는 소박한 꿈을 꿈이라고 꾸었던 룸펜 예술가였어. 「절룩거리네」의 가사에서 화자는 스스로를 '무능하고 비열한 놈'이라 칭하고 있어. 그게 우리랑 무슨 상관이냐고? 처웃지 마. 니들 얘기야! 사회학자인 피에르 부르디외Pierre Bourdieu는 너희들이 이중적으로 모욕받고 있다고 말한 적이 있어. 즉 너희들은 경제적으로 모욕받고 있을 뿐만 아니라 문화적으로도 모욕받고 있다는 말이지. 먼저 너희들은 경제적으로 무능해.

> "꽃잎 끝에 달려 있는 작은 이슬방울들
> 빗줄기 이들을 찾아와서 음 어디로 데려갈까
> 바람아 너는 알고 있나 비야 네가 알고 있나
> 무엇이 이 숲 속에서 음 이들을 데려갈까
> 엄마 잃고 다리도 없는 가엾은 작은 새는
> 바람이 거세게 불어오면 음 어디로 가야 하나
> 바람아 너는 알고 있나 비야 네가 알고 있나
> 무엇이 이 숲 속에서 음 이들을 데려갈까
>
> 모두가 사라진 숲에는 나무들만 남아 있네
> 때가 되면 이들도 사라져 음 고요함이 남겠네
> 바람아 너는 알고 있나 비야 네가 알고 있나
> 무엇이 이 숲 속에서 음 이들을 데려갈까
> 바람아 너는 알고 있나 비야 네가 알고 있나
> 무엇이 이 숲 속에서 음 이들을 데려갈까
> 음 이들을 데려갈까."

-방의경 작사, 양희은 노래, 「아름다운 것들」

마리 라포레Marie Laforêt의 「Mary Hamilton」이라는 곡을 번안해서 부른 양희은의 노래 가사야. 나는 어렸을 때 이 곡이 동요인 줄 알았어. 하지만 동요치고는 꽤 슬프게 느껴졌어. 따라 부르다 보면 왠지 조금씩 슬퍼지고, 그러다 보면 마음 한구석이 아련하게 사라져 가는 듯한 느낌을 받았어. 그렇게 내 파릇한 동심에 굵은 주름이 패는 것 같았지. 이 노래가 어린 내게 들려 준 것은 사라짐의 허망함이었어. 이슬방울들은 사라져. 누가, 무엇이, 어디로 이들을 데려가는 거지?

한국이라는 자본주의 사회 속에서의 삶을 일종의 놀이라고 상상해 보자고. 나는 어느 날, 내 의지와는 전혀 상관없이, 나도 모르게 이 놀이판에 던져졌어. 사실 마흔이 넘은 지금까지도 나라는 병신은 이 놀이에서 확실하게 이길 수 있는 방법이 무엇인지 몰라. 하지만 단 한 가지 확실하게 내가 알고 있는 것이 있다면 그것은 바로 놀이의 참여자들이 사라져 가고 있다는 사실이야. 나보다 먼저 참여한 사람들이든, 나보다 훨씬 늦게 참여한 사람들이든, 온 순서에 구애받지 않고 참여자들은 하나둘 사라져 가. 물론 이렇게 사라지는 이들 중에는 내가 사랑하는 이들도 포함되어 있어. 마치 내 마음이 마이더스의 손이기라도 한 양, 내가 마음으로 다가가는 이들은, 내가 사랑하는 이들은 모두 죽어 가. 게다가 내가 유일하게 확신하는 저 앎, 즉 놀이에 참여하는 모든 이들이 사라져 가고 있다는 것에 대한 앎에는 나 자신도 언젠가는 사라져 갈 수밖에 없다는 사실도 포함되어 있지. 누가, 무엇이, 그리고 어디로 우리들을 데려가는 것일까? 그런데 이 놀이판에는 뭐가 그리 급한지 남보다 빠르게 사라져 가는 참여자들이 있어. 자본주의라는 정글 속에서, 가장 먼저 사라지는 작디작은 존재자들, 약하디약한 존재자들이 있어. 그게 바로 너희들이야.

얼마 전 아주 추웠던 한겨울의 어느 날, 동네 버스 정류장에서 차를 기다리다가 바로 옆에 있는 쓰레기통에서 음식물 찌꺼기를 미친 듯이 핥고 있는 길고양이를 넋을 잃고 바라본 적이 있어. 어지간히도 배가 고팠던 모양이야. 웬만하면 사람들을 피해 다니는 너석이 바로 옆에서 자신을 응시하는 사람의 시선 따위는 신경도 쓰지 않고 배를 채우는 데만 열중하고 있었으니 말이야. 지독한 허기가 낯선 사람에게 가져야 했을 그 녀석의 경계심도 허물었겠지. 생명을 위협하는 굶주림이 야기한 가장 근원적인 단계의 생존본능이 잠재적 위협요소를 경계하는, 보다 높은 차원의 생존본능을 압도했던 것이지. 나는 그때 한 사람이 생각났어. 저 길냥이와 얼마 전 지하철역에서 보았던 목이 매우 말라 보였던 한 남자가 중첩되어 보였지. 그때 나는 목을 축이고 싶어 지하철 승강장에 놓인 음료 자판기에서 커피를 뽑아 마시려던 참이었어. 바로 그 순간 누군가가 자판기 옆에 놓인 휴지통으로 성큼성큼 다가오더니 휴지통으로 허리를 굽히고 손을 쑥 내밀어 그 안에 있던 일회용 음료 컵을 집어 들었어. 그러고는 거기에 꽂혀 있던 빨대에 입을 대고 남아 있던 음료를 쪽쪽 마셔 대더군. 지금 나는 꽤나 덤덤하게 상황을 묘사하려 애쓰고 있지만 사실 그때 적지 않게 놀랐어. 아마도 그 사람이나 내게 공통점이 있었다면 둘 다 목이 말랐다는 사실일 거야. 그리고 우리 둘 간의 차이는 자판기 커피를 마실 수 있는 300원이 있느냐 없느냐 정도였겠지. 300원이라는 잘 보이지도 않을 만큼 작은 차이가 자판기를 통해서 갈증을 해소하는 길손과 쓰레기통을 뒤져서 갈증을 해소하는 길숙자 사이의 눈에 확 뜨일 만큼 큰 차이를 만들어 낸 셈이지. 생각해 보았어. 내게 300원이 없는 상태에서 그토록 목이 말랐다면 어땠을까? 목은 타들어 오고 돈은 없는데 집에 가려면 긴 시간을 보내야 한다거나 아예 돌아갈 집이 없다면 말이지. 그런 순간에 휴지통 안에서 삐죽이 튀어나온 음료수 컵이 눈에 띄었다면 어땠을까? 아마도 나는 울어 버렸을거야... 아니, 공짜물인 아리수를 찾아 화장실로 향했을까? 거기서 세수하는 척 사람들의 눈치를 보면서 손들 사이로 미끄러지는 물방울들을 잽싸게 핥아먹었을까? 마치 "개처럼 wie ein Hund"? 카프카의 단편 「심판」의 주인공은 자신이 마치 개처럼 죽임당한다고 느낀 게 인생의 마지막 순간뿐이지만, 품위 유지비는 고사하고 인간으로서 최소한의 존엄성을 유지할 만한 능력도 못 가진 너희들의 삶에선 살아 있는 내내 비루먹은 개 같은 간지가 풀풀나지. 그렇게 너희들은 "개처럼" 절룩거려.

굶주림 앞에서 그 야무진 고양이마저 저렇게 무너지는데, 하물며 굶주림으로 비루먹은 개처럼 절룩거리는 너희들의 그 거지같은 상태에서 예술을 할 수 있을까? 꽃처럼 젊은 한 룸펜 예술가는 마치 유서처럼 다음과 같은 쪽지를 남기고 아사했어.

"사모님… 죄송합니다. 또 1층입니다.

사모님, 안녕하세요.
1층 방입니다.
죄송해서 몇 번을 망설였는데…
저 쌀이나 김치를 조금만 더 얻을 수 없을까요…
번번이 정말 죄송합니다.
2월 중하순에는 밀린 돈을 받을 수 있을 것 같아서 전기세 꼭 정산해 드릴 수 있게 하겠습니다.
기다리시게 해서 정말 죄송합니다.
항상 도와주셔서 정말 면목 없고 죄송하고…
감사합니다.
-1층 드림."

글로 먹고살기를 추구했던 한 예술가가 남긴 마지막 글이 이게 뭐니? 뭐 거창하게 인류 해방을 논하는 것은 아닐지라도 최소한 인간으로서 위엄을 드러낼 수 있는 글은 쓸 수도 있지 않았을까? 아니! 쓸 수 없었지. 굶주림은 인간으로서 지닐 수 있는 최소한의 존엄성에 대한 열망마저도 압도해 버리니까 말이야. 그래, 너희들은 경제적으로 모욕받고 있어. '배고픈 소크라테스가 배부른 돼지보다 더 낫다'고 사람들은 말하지. 하지만 이런 말을 하는 사람들은 어느 정도 먹고살 만한 사람들이야. 그러나 너희들은 오늘 일용할 양식으로부터 초연한 소크라테스가 되기에는 너무 배가 고파. 배부른 가축이 되기에도 역시 배가 고프지. 그래서 너희들은 소크라테스, 즉 인간도 아니고, 인간으로부터 충분이 먹이를 공급받는 가축도 아닌 길고양이나 길비둘기 같은 존재들이야. 다른 인간들로부터 버려진 인간쓰레기, 룸펜, 인간과 유기된 동물들 사이에 있는 중간적인 제3의 존재들. 그러니까 인간으로서 품위도 없고 가축처럼 배가 차지도 못한 존재, 간단하게 말해서 병신이야.

너희들은 제대로 된 직장도, 돈도 없겠지. 또 비

록 너무 젊거나 무언가를 하기에는 너무 나이를 먹었다는 핑계를 대며 버티고 있겠지만 사실상 극빈층일 거야. 유기농 재료들로 만든 음식이나 갓 도정한 햅쌀밥은 고사하고 잘 먹어 봤자 고작 즉석밥인 햇반일 테지. 그러니 너희들의 영양상태는 대체로 그 먹은 값만큼 저렴하지. 병원에서 정기 건강검진을 받는 것이 장기적인 건강관리 차원에서 크게 볼 때 훨씬 싸게 먹힌다는 것을 뻔히 알면서도 당장의 꾀죄죄한 생필품 지출을 위해 소진된 너희들의 텅 빈 잔고는 너희들을 만성적인 질병의 위협에 휑하니 노출시키지. 웰빙은 고사하고 존재할 수 있을지 없을지를 먼저 고민해야만 하는 너희들에게 현실적으로 실현가능한 유일한 위로는 너희들의 대체적으로 짧은 삶의 그 '짧음'뿐이겠지. 마치 길비둘기들이나 길고양이들이 그러한 것처럼. 너희들의 지독하게 낮은 삶의 질, 그로 인해 이미 예약된 긴 고통, 그 고통을 상쇄시켜 줄 수 있는 것이라곤 오직 질병으로 인한 높은 사망률이나 남보다 짧은 평균수명이라는 수치스러운 수치밖에 없지 않겠어? 그래, 너희들은 구조적으로 남들보다 더 빨리 그리고 더 비참하게 죽어 가고 있어. 그렇게 너희들은 절룩거리며 사라져 가.

돈 쓰면서 친구들과 나가서 노는 것은 익숙하지도 않지? 돈도 돈이거니와 그럴 친구들도 없을 거야. 가장 좋은 옷을 가장 깨끗하고 단정하게 차려 입고 나와도 후줄근할 거야. 그래서 집에서 혼자 인터넷을 갖고 노는 게 여가 생활의 전부, 심한 경우에는 일상의 전부일 수 있겠지. 결혼은 꿈도 못 꾸고 여친이나 남친을 가져 본 적도 없겠지. 설령 있었다 해도 지질하게 굴다가 채였겠지. 만의 하나 지금 있다고 해도 제대로 사귀지도 못하고 있을 게 뻔해. 이게 바로 「절룩거리네」가 그냥 지루한 사랑이 아니라 '지루한 옛사랑'이라 표현한 이유이지. 설령 지금 현재 사랑이 있다고 하더라고 그것이 멀지 않은 장래에 '옛사랑'이 될 가능성은 지루할 만큼 진부한 너희들의 현실이니까. 게다가 너희들의 모든 약속은 언제나 옛 약속으로 귀결되기 마련이지. 성인이 된 이래로, 즉 너의 경제적 무능력이 증명된 이래로, 친구들은 모두 옛-친구들이 되어 버렸을 거야. 아무리 너를 그리워하던 옛 친구일지라도 너의 경제적 상황을 일단 한번 전해 듣고 나면, 너희를 더 이상 그리워하지 않게 될 거야. 이렇게 너희들은 친구들 사이에서 사라져 왔고, 지금도 사라져 가고 있을 거야. 그래야 내 친구들답지!

또한 너희들은 가족들 사이에서도 사라져 가고 있을 테지. 사랑스러운 조카들에게 그럴 듯한 선물 하나 사 줄 능력 없는 너희는 형제자매들 보기가 항상 껄끄러울 거야. 연로한 부모님들의 생신은 축하할 날이라기보다는 돈이 없는 너를 사람 취급하지 않는 친척 어르신들이 가난이라는 극악무도한 죄를 범한 너를 인격적으로 화형시키는 날처럼 느껴질 거야. 그렇게 다분히 설득력 충분한 관계 망상에 시달리느라 너는 가족 모임 자리에 가는 것을 두렵게 느낄 수밖에 없을 테고 결국 못 가는 경우가 부지기수일 거야. 실제로 어렵게 용기를 내서 그 자리에 참여한다고 해도 곧 후회하게 될 거야. 물론, 먹고살만해서 점잖은 친척 어르신들이나 사촌들은 네 망상처럼 노골적인 분노를 표시하지는 않겠지. 하지만 적어도 감히 네까짓 게 남들 다하는 사람 구실을 감행하려고 시도했다는 사실 자체를 뼈저리게 자각하기에 충분할 만큼 냉랭하게 대할 테지. 그래서 너는 가족 모임을 어떻게

든 피하게 될 수밖에 없을 테고, 그 결과 경제적으로 무능할 뿐만 아니라 가족 모임도 잘 안 챙기는 못된 인간이라는 욕을 먹느라 헛배도 잔뜩 불렀겠지. 그래 경제적으로, 인간적으로, 못 돼먹은 취급을 받아가며 너희들은 가족들 사이에서도 사라져가.

가족들 사이에서 희미해지고 친구들 사이에서 투명해진 너희들, 사회 속에서 사라진 너희들은 정치 영역엔 거의 존재하지 않는다고 볼 수 있지. 그 누구도 너희들의 정치적 존재를 진지하게 고려하지 않아. 그 누구도 너희들의 계급적 이익을 대변하지 않아. 이렇게 너희들은 너희들을 위해 정치적 목소리를 낼 수 있는 계급 의식적 성대를 제거당했어. 구조적으로 죽어 가고 있는 너희들은 가정에서, 사회에서, 그리고 정치의 영역에서 구조적으로 사라져 가고 있는 병신들이야. 그럴 거야. 그래야 내 친구들답지! 그렇게 너희들은 절룩거려.

그리고 너희들은 문화적으로 비열해. 일단 너희들은 스스로를 사랑하지 않을 거야. 「절룩거리네」가 노래하는 것처럼, '미친 게 아니라면' 말이야. 세상 그 누구로부터도 사랑받지 못하는 녀석 따위가 어떻게 자신을 사랑할 수 있겠어? 사람들로부터 사랑받는 패리스 힐튼이 에릭 남과 했던 인터뷰를 떠올려 봐. 패리스는 죽는 것이 너무 싫다고 말하더라. 왜 죽는 것이 싫을까? 지금 누리고 있는 것보다 더 좋은 것을 앞으로도 얼마든지 기대할 수 있기 때문이지. 너희들은 죽는 것이 무섭다 하더라도 감히 싫어할 엄두는 못 낼 거야. 너희들의 삶은 앞으로도 얼마든지 더 나빠지고도 남음이 있으니까. 영화 「아저씨」의 주인공처럼 너희들은 오늘만을 살지. 특수부대였기 때문이 아니야. 원빈처럼 잘생겨서는 더더욱 아니야! 내일 너희들에게 좋은 일이 생길 턱이 없잖아? 세상이 '미친 게 아니라면' 말이야. 자존감도, 사랑도, 꿈도, 희망도 박탈당한 너희들이 도덕적일 수 있을까? 그런데 세상은 너희들이 비-도덕적이라고 욕하지. 부르디외가 오늘날 도덕성은 뭐라고 했지? 문화자본이야. 그리고 문화자본은 경제자본으로 전환될 수 있지. 그럼 이 문화자본은 어떻게 획득한다? 부모에게 상속받지. 그럼 어떤 부모가 자식들에게 문화자본을 상속해 준다? 있는 부모야. 경제자본이 문화자본을 낳고, 문화자본이 경제자본을 낳는 거지. 그런데 너희들의 부모는 가난하지. 너희들은 문화자본을 상속받기 힘들고, 그래서 대개 비-도덕적이지. 반면, 공공장소에서의 예의범절과 적합한 행동방식, 품위와 타인들에 대한 습관적 배려, 그리고 이런 언행들로 사회적으로 인정받는 사람들은 누구? 당연히 있는 집 자식들이지. 즉 너희들은 경제적 상태만 메롱인 게 아니라, 도덕적 상태도 역시 엿 같지. 반면 경제적으로 여유 있는 사람들은 대개 너희보다 도덕적으로 우월한 것으로 평가받지. 유전무죄 무전유죄! 약 500만원을 단순 절도한 죄로 징역 7년에 보호감호 10년, 총 17년의 격리감금형을 선고받았던 지강헌이 호송당하던 중에 탈출해 인질극을 벌이다 총구에서 뿜어져 나오는 불 세례를 받았던 어느 지독히도 성스러운 날holi-day, 그의 입에서 터져 나온 저 마르크스적 방언, 물질이 의식을 규정한다! 이 방언이야 말로 너희들의 도덕적 싹수가 왜 그토록 쉽사리 노랗게 시들어 버릴 수밖에 없는지에 대한 순교자적 증언이었던 거야. 그렇게 너희들은 절룩거려.

    더 심각한 문제는 너희들이 여론몰이에 좌우로

이용당하고 있다는 사실이야. 너희들은 선동에 약해. 금세 쉽사리 발끈해서 이 게시판에서 저 게시판으로 갖가지 음모론과 선동 글을 퍼 나르다가 결국 여론의 양치기 소년질이 끝날 무렵에는 몰이질에 사용되다가 처치 곤란해진 개들처럼 여론의 희생양이 되곤 하지. 비판 능력은 문화자본을 전제로 하지. 그러나 문화자본이 없는 집에서 태어났을 너희들에게 비판 능력이 있을 리 없지. 너희들의 정치적 도덕성이라야 길거리에서 뒹굴며 보행자들의 눈살을 찌푸리게 만드는 저 지저분한 비둘기와 다르지 않지. 천덕꾸러기 신세인 수많은 저 비둘기들의 유래는 88올림픽이라는 설이 있어. 행사용으로, 선전용으로, 즉 프로파간다용으로 사용되었다가 버림받은 것들이 저렇게 불어난 것이라는 거지. 그거 알아? 마르크스 시대 이전에도 이후에도 너희 룸펜들이 정치 집회 동원용으로, 집회 방해용 정치깡패들로 이용되어 오곤 했다는 사실을? 가스통 할배 욕하지 마라. 남 얘기 아니다. 너희 조상의 당당한 후손들이시고 좌우에서 너희와 동등한 대우를 받고 계신 분들이다. 너희들 중에는 일베를 하는 녀석들도 있고 오유를 하는 녀석들도 있겠지. 그 속에서도 특유의 극단적인 경향 때문에 골치 아픈 천덕꾸러기 신세일 테지. 그런데 그거 알아? 너희가 걸치고 있는 이념의 옷은 좌우를 막론하고 남의 옷이야. 맞지도 않을 뿐더러 어울리지도 않고 누덕누덕 기워져 있어. 무엇보다 너희들의 남의 옷 코스프레는 보기에 흉해. 그렇게 너희들은 모욕당하고 놀림받고 있지. 일베충이란 이름으로, 오유 좌좀이란 이름으로……

하지만 이건 반드시 알아 둬. 보수 쪽은 말할 것도 없고 좌파를 자처하는 이데올로그들조차 너희 룸펜들의 계급적 이익을 결코 대변하지 않아. 저 이데올로그들 —난 얘네들을 '문화자본가'들이라고 불러— 의 주요 고객은 중간계급이야. 저들이 꿈꾸는 유토피아는 결코 너희들의 낙원이 아니란 말이지. 그래서 이들이 꿈꾸는 사회, 즉 기껏해야 북유럽식의 사민주의 사회가 실현된다고 하더라도 너희들은 여전히 '무능하고 비열한 놈'들로 남아 있을 수밖에 없어. 구조적으로 그래.

다시 강조하지만 야당 인사들과 자칭 좌파 지식인들은 결코 너희들의 동료가 아니야.「절룩거리네」가 노래하는 것처럼, '세상도 나를 원치 않아'. 하물며 너희들의 구원이 쉽게 오겠니? 자칭 좌파라지만 사실상 기존 사회구조 유지 및 보수에 기여하는 이데올로그들이 왜 너희들의 해방을 신경 쓰겠어? 정말로 '미친 게 아니라면' 말이야. 생각해 봐. 너희들을 위한 유토피아가 정말 도래한다면, 다시 말해 사회구조에 있어서 참된 혁명이 일어난다면 자칭 좌파 이데올로그들이 지금껏 축적해 온 상징자본 및 문화자본, 그리고 이것들이 경제자본으로 변환될 가능성이 어떻게 되겠어? 물거품이 되어 버릴 거 아니야. 너희들을 위한 그날이 오면 저들을 위한 오늘이 사라지고 말아. 너희들을 위한 그날 저들은 자신들이 누리고 있는 모든 것들을 잃는 거야. 그게 돈이든, 권력이든, 명예나 도덕적 평판이든 그들을 너희 하류 인생과 구별 지어 줄 수 있는 모든 것들, 그들로 하여금 살아갈 수 있게 해 주는 전부가 의미 없어지겠지. 이것은 곧 너희들을 위한 그날이 저들에게 있어서는 삶의 의미 그 자체를 잃어버리게 되는 날임을 뜻하지. 그래서 그게 뭐가 문제냐고? 그들 때문에 너희들에게 잠재된, 스스로를 해방시킬 수 있는 힘이 누수

서론: 절룩거리는 우리, 병신들의 레임덕

되고 있어. 그게 문제야. 난 이 현상을 '**룸펜들의 레임덕**lame duck' 또는 '**병신들의 레임덕**'이라 부르려 해. '레임덕'은 원래 집권 말기의 권력 누수 현상을 가리키는 용어지만 너희 룸펜들이 지닌 해방의 잠재력이, 혁명의 힘이 특히 자칭 좌파 이데올로그들의 선동 전략으로 인해 누수되고 있는 현상을 표현하기에도 매우 적절한 용어라고 생각해. 요컨대 문화자본가 문제를 통해서 내가 보여 주고자 하는 것은 바로 '룸펜들의 레임덕' 현상이야. 뒤뚱거리는 오리, 절룩거리는 비둘기, 그게 바로 우리 룸펜, 병신들이야. 절룩거리는 병신들. 너희들은 남루하고 비열해 보이는 남의 옷을 걸치고 기껏해야 차가운 냉소만이 답례로 돌아올 뿐인 열정 페이질을 해대지. 너희들은 선동되어서 병신 같은 아방가르드 역할을 자처하다 좌우 양쪽에서 명예훼손죄로 두들겨 맞고 모욕죄로 패대기쳐지곤 하지. 그렇게 너희들은 절룩거려.

아도르노Theodor Wiesengrund Adorno는 "희망은 절망적인 이에게 가장 가까이 있다Hoffnung ist am ehesten bei den trostlosen"고 말했어. 한국 사회의 희망은 더 이상 잃을 것이 없는 자들, 바로 너희들, 절룩거리는 룸펜 병신들이야. 처절할 정도로 철저하게, 경제적으로도 문화적으로도 박탈당한 너희들이 바로 이 엿 같은 세상의 희망이야. 마치 예술이 그러한 것처럼, 현실 속에 너희 같은 병신들이 존재한다는 사실 자체가 바로 이 사회가 지금 그대로 존재해서는 안 된다는 사실을 우리에게 증언해 주고 있는 거야. 절룩거리는 너희가, 좌우로 이용당하고 버려지는 너희가 사회에 저항하는 방식은 바로 너희들 각자의 병신 같은 존재 자체야. 너희들의 진정한 저항은 선전에 동원됨으로써 이루어지는 것이 아니라, 오히려 너희들의 존재 자체를 통해서 이루어진다는 말이지. 박탈당한 너희들의 존재 자체는 이 세계의 타락한 상태의 징후이자, 유토피아로 고양되어야만 할 가혹한 현실의 증언이니까. 이곳에서 절룩거리는 너희가 다리Brücke처럼 잇고 있는 저 곳, 유토피아. 병신 같은 너희들의 존재 자체가 더 이상 필요하지 않은 세계, 즉 절룩거리는 너희들이 소멸되는 세계, 그 누구도, 심지어 좌파라 스스로 자처하는 이들조차도 계급(의식)적으로 '미친 게 아니라면' 결코 꿈꿔 보려고 하지 않는 꿈보다도 못한 세계, 미친 세계.

병신들아! 일베 룸펜들아! 오유 룸펜들아! 우리 서로 사랑하자. 그렇지 않으면 도대체 누가 너희들을 사랑해 주겠니? '미친 게 아니라면' 말이지. 그러니까 만국의 병신들이여, 단결하라!

그러니까 멀쩡한 세상 속에서 늘 해오던 대로, 우리 함께 고통스럽게 사라져 가자. 내가 너희들을 미친 듯이 기억하마.

본론: 체제의 유연화와 문화자본가들

"Ich glaube, man sollte überhaupt nur solche Bücher lesen, die einen beißen und stechen. Wenn das Buch, das wir lesen, uns nicht mit einem Faustschlag auf den Schädel weckt, wozu lesen wir dann das Buch? Damit es uns glücklich macht, wie Du schreibst? Mein Gott, glücklich wären wir eben auch, wenn wir keine Bücher hätten, und solche Bücher, die uns glücklich machen, könnten wir zur Not selber schreiben. Wir brauchen aber die Bücher, die auf uns wirken wie ein Unglück, das uns sehr schmerzt, wie der Tod eines, den wir lieber hatten als uns, wie wenn wir in Wälder verstoßen würden, von allen Menschen weg, wie ein Selbstmord, ein Buch muß die Axt sein für das gefrorene Meer in uns. Das glaube ich." (Brief von Kafka an Oskar Pollak, 27. Januar 1904)

"내 생각에는 읽는 사람을 물어뜯고 찔러 대는 책들만을 읽어야만 할 것 같아. 만일 우리가 읽는 책이 머리통을 주먹으로 후려쳐서 우리를 잠에서 깨우지 않는다면, 도대체 무엇 때문에 우리가 그 책을 읽는 거지? 네가 편지에 쓴 것처럼 우리를 행복하게 만들어 주니까? 우아, 설령 책이 단 한 권도 없다 할지라도 우리는 여전히 행복할 수 있을 거라고. 그리고 우리를 행복하게 만들어 주는 책은 불가피할 경우 우리가 직접 쓸 수도 있겠지. 하지만 우리에게 필요한 책은 마치 우리를 아주 고통스럽게 하는 고난과도 같이, 마치 우리 자신처럼 여겼었던 누군가의 죽음과도 같이, 마치 우리가 모든 사람들로부터 멀리 떨어져 있는 숲 속으로 쫓겨나게 되었을 때와도 같이, 마치 자살과도 같이, 그렇게 우리에게 영향을 주는 책인 거야. 무릇 책이란 우리 안에 얼어붙은 바다를 깨부수기 위한 도끼이어야만 한다는 말이지. 나는 그렇게 생각해." (프란츠 카프카가 친구 오스카 폴락에게 보낸 1904년 1월 27일자 편지)

좌파 이데올로그가 할 수 있는 일이란 카프카가 말하는 책과도 같은 것이다. 즉 자본주의 체제라는 잠에 빠져 들어서 행복한 삶을 꿈꾸도록 몹시 지루하게 만들어 버리거나 아니면 잠에서 깨어나 혁명이라는 꿈을 살아 내도록 몹시 괴롭히거나. 이 글이 괴롭히고자 하는 대상은 바로 전자의 일을 하고 있는 좌파 이데올로그들이다. 즉 타인들을 체제 유지 및 재생산이라는 잠 속에 빠뜨리고 있는 이들, 얼핏 구원을 약속해 주는 듯 보이지만 실상 잠들고 싶을 정도로 [...] 지루한 작업을 그토록 부지런하게, 그러나 꿈속에서, 질리지도 않고 반복하고 있는 이들이다.

대기업이 영세 상인들의 밥그릇을 침해한다는 지적이 있던 무렵, 어떤 기업가는 이렇게 반문했다. "소비를 이념으로 하는가?" 답은 "그렇다"이다. 오늘날, 사람들은 소비를 이념적으로 할 뿐만 아니라, 나아가서 이념 자체를 소비한다. 무엇이 변한 것일까? 정치적 지평에 야기된 변화나 정치적 지평을 보는 시각 자체의 변화를 진단해 볼 수 있는 틀을 가늠해 보는 것, 그리고 그러한 변화와 맞물린 좌파 이데올로그들의 문화자본가화 문제를 해명하는 것이 바로 이 글의 과제이다. 우리는 무엇보다 자본주의 지배 체제의 유연화라는 문제에 주목하고자 한다. 알튀세르Louis Althusser의 이데올로기론은 이미 이 문제를 함축적으로 지시하고 있으며, 아도르노의 문화산업 이론과 푸코Michel Foucault의 권력이론은 각각 이 문제를 다각적으로 조망해 볼 수 있는 통찰들을 제공해 주고 있다. 그런데 체제의 유연화와 맞물린 또 다른 중요한 문제는 문화자본가들에 의한 체제 정당화의 문제다. 우리는 부르디외의 상징폭력 개념을 통해서 이 문제를 규명하고자 시도할 것이다.

1. 체제의 유연화

알튀세르와 이데올로기론

소쉬르Ferdinand de Saussure에 의하면 인간과 실재의 관계, 인간과 세계의 관계는 이미 언제나 언어를 매개로 이루어진다. 즉 인간과 실재의 관계는 언어적 기호에 의해 형성되고 구성된다. 바로 이러한 의미에서 인간은 실재 그 자체를 결코 날것으로 만날 수 없다. 달리 말해 인간에게 있어서 실재는 마치 칸트가 말하는 물자체Ding an sich처럼 결코 있는 그대로 인식될 수 없는 것이다. 알튀세르는 언어를 통해 매개되는 인간과 실재의 관계에 대한 소쉬르의 이러한 통찰을 급진화시키는 가운데 마르크스주의적 인식론을 구조주의적으로 재구성하였다. 알튀세르에 의하면 이데올로기는 단순한 허위의식이 아니라 주체가 세계와 접하고 세계를 이해하는 방식이다.

원래 마르크스주의는 이데올로기를 허위의식이라고 간주했다. 마르크스는 『독일 이데올로기』에서 인간의 모든 의식 형태들이 그 물질적 조건들에 연결된 필연적인 승화물이라고 말했다. 노동분업의 결과로 인간은 인간의 의식이 자신의 물질적 조건들과 분리되어 있다는 환상을 갖게 되었고, 이데올로그들은 노동분업에 기초한 자본주의적 계급 관계에 내재하는 착취관계를 효과적으로 은폐하기 위해 이데올로기를 창조하게 되었다는 것이다. 이러한 마르크스의 생각은 이후 통속적 마르크스주의자들에 의해 변형되는데, 이들은 인간의 의식이 자신의 물질적 조건들과 분리되어 있지 않다는 마르크스의 통찰을 인간의 의식은 물질적 조건들에 비해 부차적이라는 생각으로 변형시켜 받아들인다. 그리고 바로 여기에서 자본주의를 지양하기 위해서는 생산력을 향상시키기만 하면 된다는 기계적 사고가 생겨나게 된다. 마르크스도, 통속적 마르크스주의자들도 이데올로기를 계급관계를 필연적으로 왜곡하고 은폐하는 허위의식과 동일시했던 것이다.

그러나 알튀세르는 이런 방식으로 이데올로기를 이해하는 것에 반대한다. 알튀세르는 이데올로기의 부정적인 기능보다는 적극적인 기능을 더 강조한다. 이데올로기란 개인이 그것을 통하지 않고서는 세계와 만나거나 관계 맺을 수 없는 필수적인 도구라는 것이다. 즉 이데올로기는 세계인식과 세계경험을 위해 불가피한 수단이다. 그가 볼 때 이데올로기는 모든 사회 속에서 개인의 일상적 경험 전체를 관통해서 지배하고 있는 의식 형태이기 때문이다. 이데올로기가 세계인식과 세계경험을 위해 필수불가결한 수단이라고 말하는 것은 곧 개인과 세계, 개인과 실재와의 관계가 투명하지 않다는 것을, 즉 은폐되고 왜곡된다는 것을 뜻한다. 그리고 이것은 곧 우리가 실재를 그 자체로 있는 그대로 인식할 수 없다는 것을 의미한다. 이런 관점에서 보면 인간이 가질 수 있는 세계에 대한 잘못된 생각이나 잘못된 믿음은 단지 일회적이거나 파편적인 것이 아니다. 오히려 잘못된 생각은 체계적이다. 개인은 자신도 모르게 이미, 언제나 저 잘못된 생각을 스스로 체계화하여 그 속에서 안주하기 때문이다. 또한 이러한 이데올로기의 체계는 이데올로기적 국가장치appareils Idéologiques d'Etat 내에서도 실현된다. 즉 계급관계 속에는 이 관계를 은폐하기 위해 작동하는 국가 이데올로기 장치가 있는데, 개인은 이 국가 이데올로기 장치 속에서 지배 이데올로기를 진리라고 믿는 가운데 그것을 적극적으로 수용하여 체계화하는 것이다. 따라서 알튀세르는 경제 관계의 변화만으로 이데올로기가 깨어진다는 것은 불가능하며, 노동자가 의식을 갖는다는 것도 거의 불가능한 과제일 수밖에 없다고 주장한다. 바로 이러한 의미에서 알튀세르는 이데올로기를 '재현의 체계le système des représentations' –여기서 재현이란 이미지일 수도 있고, 신화나 관념 혹은 개념일 수도 있다– 나 '세계에 대한 인간의 체험된 관계le rapport vécu des hommes à leur monde', 혹은 '실제적 조건에 대한 상상적 관계의 재현la représentation du rapport imaginaire des individus à leurs conditions réelles'이라 칭하는 것이다.

이와 같이 알튀세르에게 있어서 이데올로기의 체계는 개인에 의하여 창조되는 것이 아니라 소쉬르가 말하는 언어와도 같이, 개인 이전에 이미 언제나 존재하는 체계이다. 즉 개인은 독자적으로 존재하는 것이 아니라 이미 언제나 이데올로기의 상상적 세계 속에 던져져 있으며, 또한 이러한 상상적 세계의 틀을 통해서 실재를 해석하고 이해하는 것이다. 요컨대 이데올로기는 세계나 실재를 접하고 이해하기 위해 우리가 이미 언제나 사용하고 있으며 사용할 수밖에 없는 구조다. 이데올로기로부터의 출구는 없다. 그런데 이데올로기를 이렇게 파악하는 것은 이데올로기가 프롤레타리아의 계급의식을 통해서 극복될 수 있다고 보는 루카치György Lukács의 입장이나 이데올로기는 생산력에 상응하는 생산관계가 형성된 후에는 사라지게 될 허위의식에 불과하다고 보는 경제주의적인 입장과는 매우 다르다. 알튀세르에게 있어서 이데올로기는 단지 인간과 세계의 관계를 매개해 주는 역할만 하는 것이 아니라 오히려 세계에 대한 인간의 관계 자체이다. 만일 인간이 이데올로기를 떠난다면 인간은 더 이상 세계와 관계를 가질 수 없을 것이다. 이데올로기는 인간이 세계와 맺는 관계 자체이기 때문이다. 알튀세르가 이데올로기는 역사가 없다고 주장하는 이유가 바로 이것이다. 물론 각각의 시대에 개개인의 특수한 이데올로기들은 시대가 변화함에 따라 그 내용을 달리할 수 있을 것이다. 이데올로기는 역사적으로 다양한 형태를 지닐 수도 있다. 하지만 이데올로기는 세계인식과 세계경험을 위해 불가피한 수단이기에 모든 역사과정의 공시적 단면처럼 끊임없이 존재할 수밖에 없다. 개개의 이데올로기는 역사 속에서 변화하지만 이데올로기 일반, 구조 자체로서의 이데올로기는 변화하지 않는다는 것이다. 예를 들어 마르크스에 의하면 사회주의적 유토피아가 도래해서 착취로서의 계급관계가 지양되면 이데올로기도 함께 소멸하게 된다. 하지만 알튀세르에 의하면 설령 계급 없는 사회가 도래한다고 해도 이데올로기는 존속된다. 이것은 곧 사회주의적 유토피아가 도래한다 할지라도 그 속에서도 이데올로기는 여전히 기능하게 될 것이라는 것을 뜻한다. 전통적인 마르크스주의 인식론에 따르면 실재는 의식의 바깥에 존재하는 사회적인 것이다. 따라서 참된 인식으로서의 '이론적 실천'은 이러한 실재와 의식을 일치시키는 것인 반면 거짓 인식으로서의 이데올로기는 실재로부터 떠난 의식, 즉 허위의식이다. 만일 마르크스주의 인식론의 주장이 옳다면 참다운 인식이 발생하는 사회적 장, 즉 사회적 모순들이 지양된 사회주의적 유토피아에서는 허위의식으로서의 이데올로기가 존재하지 않을 것이다. 이와 달리 알튀세르는 인간의 의식은 실재 그 자체를 결코 알 수 없다는 소쉬르적 통찰을 수용하며, 주체는 오직 이데올로기의 매개를 통해서만 세계와 관계할 수 있고, 따라서 이론적 실천과 이데올로기가 근본적으로 구별될 수 없다고 주장한다. 양자 간에 차이는 근본적인 차이가 아니라 그저 정도의 차이일 뿐인데, 이데올로기가 자신의 이념이 실재라고 믿는 인식인 반면, 이론적 실천은 자신이 지니고 있는 이념적 성격을 반성적으로 성찰하는 인식이라는 것이다. 다시 말해서 이데올로기가 자신이 지니고 있는 이데올로기가 실재 그 자체라고 믿는 순박한 인식이라면, 이론적 실천은 자신이 지니고 있는 이데올로기가 실재 그 자체가 아니라 이데올로기임을 자각하고 있는 반성적 인식이다. 이론적 실천 역시 실재 그 자체에 대한 인식은 아닌 것이다.

알튀세르에게 있어서 이데올로기는 세계의 표상 체계 자체이기에 세계인식과 세계경험을 위해 필수불가결한 수단이다. 따라서 사회주의적 유토피아조차도 도덕, 윤리, 예술, 세계관 등의 이데올로기가 없이는 존재할 수도 경험될 수도 없다. 물론 알튀세르에 의하면 자본주의 사회에서 이데올로기가 작용하는 방식과 사회주의 사회에서 이데올로기가 작용하는 방식은 다르다. 자본주의 사회의 이데올로기는 지배계급의 이익에 맞게 조정되는 반면, 계급 없는 사회에서 이데올로기는 모든 인간의 이익에 맞게 운영되는 것이다. 그런데 이데올로기의 역할은 단지 인간과 세계 간의 관계를 중재해 주는 것에 그치는 것이 아니다. 더 나아가서 인간 주체 자체가 바로 이데올로기의 산물이다. 알튀세르의 어휘로 말해 이데올로기는 주체를 호명interpellation한다. 상황은 이렇다. 인간 주체는 자신이 항상 중립적이며 자유롭고 객관적인 인식을 하고 있고, 그렇기에 자신의 행위에 책임을 져야만 한다고 믿는다. 그런데 이러한 믿음은 사실 부르주아 이데올로기의 산물이다. 인간 주체는 자신의 믿음과 행동을 무의식적으로 지배하는 이데올로기의 존재를 깨닫지 못하는 것이다. 결국 인간 주체는 계급 관계 속에서 지배하고 있는 이데올로기가 지배계급의 이익을 대변하는 이데올로기라는 사실을 알 수 없으며 바로 이러한 무지로 인해 주체는 지배 이데올로기에 봉사하며 자본주의의 재생산에 기여한다. 이데올로기가 주체를 호명한다는 것은 이렇게 이데올로기를 통해 주체가 만들어지는 상황을 말하는 것이다. 주체는 이데올로기적 호명을 자신이 자유롭게 선택하는 개인적 행동이라고 착각하는 가운데 이데올로기에 종속되며 이데올로기의 유지 및 재생산에 기여한다. 이데올로기가 초래하는 주체의 착각을 스피노자Baruch de Spinoza의 언어로 표현하면 젖먹이는 자기가 자유의지로 젖을 원한다고 믿고, 겁쟁이는 자기가 자유의지로 도망간다고 믿고, 술주정뱅이는 자기가 술기운에 취해 자유의지로 지껄인다고 믿는다. 오늘날의 좌파 이론가들 또한 그들이 체제의 이데올로기에 의해 부름받았다는 사실을 까맣게 모른 채 자신들이 자유의지로 체제와 체제의 이데올로기에 저항한다고 믿고 있으리라.

알튀세르의 이데올로기론에서 우리가 주목해야 할 것은 이데올로기적 구조를 통해서 개인이 체제 유지 및 체제 재생산에 기여하게 된다는 사실, 그리고 체제가 정당화된다는 사실이다. 그런데 이는 곧 개인에게 가해진 체제의 착취나 폭력이 덜 투박해지고 더 정교해졌다는 것을 의미한다. 이를 아도르노의 어휘로 말하면 체제의 구조가 보다 유연해짐으로써 오히려 체제를 강화시키게 된 것이다.

아도르노와 문화산업: 체제 구조의 유연화

아도르노는 '문화산업Kulturindustrie' 이론을 통해서 체제가 그 구성원들에게 행사하는 폭력을 설명하고자 시도하였다. 루카치가 마르크스의 상품물신주의Warenfetischismus의 개념을 수용하는 가운데 물화를 사회의 전 영역으로 확대하여 문제 삼았던 것처럼, 아도르노와 호르크하이머Max Horkheimer도 물화Verdinglichung 혹은 물상화Versachlichung의 토대인 교환원리가 삶의 전 영역, 즉 문화적인 삶 전반에까지 침투했다고 보았다. 이렇게 교환원리가 지배하는 사회를 아도르노와 호르크하이머는 '관리되는 사회verwaltete Gesellschaft'라고 불렀다. 이렇게 교환원리가 사회를 지배하는 현상은 문화산업에 의해 더욱더 심화된다. 문화산업에 의해서 개인들은 자본주의 사회의 총체성 안으로 흡수, 통합되도록 길들여지기 때문이다. 아도르노와 호르크하이머에 의하면 합리적인 자본주의 사회에서 문화는 상품화되는데, 이렇게 자본주의 사회에서 상품화된 문화가 바로 대중문화이며, 대중문화의 본질이 바로 문화산업이다. 문화산업 속에서 이익을 산출해 낼 수 있는 모든 것은 설령 그

것이 쓰레기 같고 부도덕하다 할지라도 상품화된다. 문화산업의 효과는 개인을 체제에 순응하도록 길들이는 것인데, 이러한 문화적 사육의 결과로 노동자는 노동의 고통을 망각하는 가운데 현실 도피를 하게 된다. 정치적으로 무관심해지고 자본주의의 상업주의적 이데올로기를 끊임없이 되새김질함으로써 그것을 거의 무의식적 층위에서 반복, 학습하는 것이다. 달리 말해서 현대인들은 문화산업에 의해서 자신들도 의식하지 못하는 사이에 총체적인 물화 속에 빠져들게 되며 반성 능력과 비판 능력을 상실하게 된다. 반성과 비판 능력을 상실한 개인은 지배 체제에 보다 더 잘 흡수되고, 보다 더 잘 통합될 수 있도록 길들여진다. 요컨대 문화산업의 궁극적 효과는 바로 체제에 저항하지 않는 개인들을 길러 내는 것, 체제에 철저하게 순응하는 개인들을 키워 내는 것이다. 말하자면 문화 산업은 모든 반항의 씨앗을 사전에 미리 차단하면서도 대중의 즐김에 대한 욕구를 만족시켜 준다. 문화상품 소비자들의 욕구를 자극하고 조종함으로써 소비자들의 욕구를 마치 파블로프의 개처럼 훈련시키는 가운데, 기존 사회에 저항할 수 있는 계기가 될 만한 것들을 저 입가에 흘러내리는 침 속에서 질식시켜 버린다.

문화산업의 효과가 정치적 무관심이라는 아도르노의 주장을 한국사회에 그대로 적용시키기에는 적지 않은 무리가 따를 수 있다. 정치에 대한 무관심désintérêt보다는 지나친 관심hyper-intérêt이 문제이기도 하기 때문이다. 한국사회에서 대중은 바로 정치에 대한 지나친 관심 때문에 체제에 흡수되고 통합되는 것이 아닐까? 아도르노에 의하면 문화산업은 사회의 지배 이데올로기를 주입하고 사회를 통제하는 수단이며 이것이 제공하는 오락거리가 대중의 비판적 사유와 저항적 계기를 제거한다. '유흥Vergnügtsein'은 곧 '동의Einverstandensein'를 뜻하기 때문이다. 왜 유흥이 곧 동의인가? 문화산업의 소비자들은 문화상품이라는 유흥에 자신들을 내맡기는 가운데 노동으로부터 휴식을 취한다. 즉 여가시간을 보낸다. 그런데 아도르노와 호르크하이머에 따르면, 유흥이 제공하는 즐거움을 향유하는 사람은 긴장이 완화된 상태에서 그 즐거움이 연상시키는 미리 계획된 반응들과 지시들에 전적으로 내맡겨진다. 유흥

참여자는 그 어떠한 적극적인 참여도 하지 않고 기계적으로 기분의 전환을 따라가는 가운데 문화상품이 지시하는 자본주의의 상업주의적 이데올로기에 순응하도록 길들여지는 것이다. (이 글을 읽으면서 즐거운가? 그렇다면 당신은 동의한 것이다. 짜증나거나 불쾌하거나 지루한가? 그렇다면 당신은 저항을 위한 최소한의 거리를 두고 비판적으로 읽고 있는 것이다. 이것이든 저것이든, 둘 다 이 글의 목적에 부응한다. 고로 필자는 성공한 셈이다. 훗.) 그런데 한국사회에서는 집권세력에 대한 저항 자체가 유흥이나 오락거리, 즉 '동의'로 보인다. 우리 사회의 대중은 체제에 저항한다고 믿는 가운데 실제로는 체제에 순응하고 있는 것이다. 한국의 문화산업은 체제에 도전하려는 욕망을, 체제에 반항하려는 욕망을 북돋고 자극하는 것으로 보인다. 다만 이렇게 자극된 대중의 체제에 대한 저항의 욕망은 일종의 사이비 욕망, 즉 환상일 뿐이다. 실제적인 저항의 계기는 오락으로서의 사이비 저항을 통해, 체제 순응적 저항을 통한 대리만족을 통해 미리 차단된다. 요컨대, 한국사회에서 대중은 저항과 정치적 이념을 오락거리로서 소비하고 있으며, 이러한 이념적 유흥은 곧 체제에 대한 동의를 의미한다. 물론 이러한 오락거리를 끊임없이 생산해서 공급해 주고 있는 이들은 참된 저항에 대한 대중들의 욕구를 자본주의 이데올로기에 순응하는 도착된 저항, 사이비 저항 속에서 해소시켜 줌으로써 혁명의 가능성을 미리 차단해 버린다. 그리고 자본주의 체제의 정당화와 유지 및 보수에 기여하고 있는 이들은 뒤에서 보게 되겠지만, 바로 좌파 문화자본가들이다.

문화산업에 의해 개인이 체제에 흡수, 통합되면서 정치적으로 중요한 결과가 나타난다. 바로 자본주의 체제가 유연한 구조를 갖게 되었다는 사실이다. 아도르노에 의하면 오늘날 자본주의 사회는 모든 체제 반대 세력을 체제로 통합시킴으로써 내적 모순을 완화시킬 수 있게 되었고 그와 더불어 총체적인 사회가 되어 버렸다. 총체적으로 관리되는 사회 속에서 혁명 계층인 프롤레타리아는 지배 계층인 부르주아로 통합되었고, 사회적 약자들은 사회적 강자들로 통합되었다는 것이다. 총체적으로 관리되는 사회는 체제에 반대하는 모든 세력을 자신 속에 품을 수 있는 유연한 구조를 가진다. 따라서 노동자 계급이나 노동자 계급의 이해를 대변하는 정당 역시 이미 사회 체제 속에 편입되어 체제-내화되어 버렸다는 것이다. 중요한 것은 유연한 체제 속에서 체제에 대한 진정한 저항의 가능성, 혁명의 가능성은 약화될 수밖에 없다는 사실이다. 만일 체제가 반체제 세력까지 품을 수 있을 만큼의 유연성을 갖고 있다면 권력과 자본의 불평등으로 인한 구성원들 간의 갈등과 모순이 완화될 수밖에 없을 것이다. 마르크스에 의하면 혁명은 자본주의 체제 내의 모순이 극한으로 치닫는 바로 그 순간에 도래한다. 하지만 체제가 유연성을 갖고 모순을 완화시킬 수 있다면 모순이 그 극단으로 고조될 일도, 혁명이 도래할 일도 없을 것이다. 요컨대 문화산업은 혁명의 잠재력인 모순을 어르고 달램으로써 진정한 반체제적 저항의 씨앗을 부드럽지만 집요한 온기로 싹조차 말려 버리는 것이다. 도널드 서순Donald Sassoon의 『유럽문화사The Culture of the Europeans』에 의하면 실제로 19세기 후반의 사회주의자들이 시도했던 개혁 운동으로서의 사회주의 문화운동은 노동자들을 부르주아 문화에 통합하는 데 기여했다고 한다. 이를 아도르노적 언어로 표현하면 사회주의 문화산업은 사실상 자본주의 자체를 증진시킴과 동시에 강화시키는 결과를 낳았던 것이다.

이렇게 볼 때, 한국사회에서의 좌파와 우파를 구분하려는 시도나 반정부세력과 친정부세력을 구분하려는 시도는 다분히 피상적일 수밖에 없다. 한국사회에서 체제에 반대하는 모든 목소리들은 지배적 멜로디에 어긋나며 혁명의 단초인 불협화음을 만들어 내기보다 오히려 이미 언제나 체제 안으로 통합되어 있는 상태에서 체제의 주도동기Leitmotif와 더불어 체제 유지의 조건인 매우 조화로운 화음을 구성하고 있기 때문이다. 말하자면 '권력에 대한 비판'이 오히려 권력을 강화시킬 수 있고, 체제 비판적 정치 담론이 체제 유지 이데올로기로 변질될 위험에 처해 있는 것이 [...] 바로 우리의 절룩거리는 현실인 것이다.

푸코와 권력

아도르노가 말하는 자본주의 체제의 구조적 유연화 개념은 푸코의 규율사회에서 작동하는 규율권력 개념에 상응하는 것으로 보인다. 전통적인 권력 개념에 의하면 권력이 존재하는 양상은 억압과 배제와 처벌이다. 하지만 푸코가 볼 때 오늘날의 권력은 현실을 억압하기 이전에 현실 자체를 생산한다. 알튀세르가 주체를 호명하는 것이 바로 이데올로기라고 보았다면, 푸코는 주체를 생산해 내는 것이 바로 권력 자체라고 생각하는 것이다. 요컨대 현대의 규율사회 권력은 과거에 비해 보다 정교하게, 보다 효율적으로 개인들을 지배하고 있다.

푸코는 권력을 특정 계급이 획득할 수 있는 실체라고 생각하지 않는다. 다시 말해, 권력은 손에 넣거나 빼앗거나 서로 나눠 가질 수 있는 어떤 실체, 간직할 수 있거나 놓칠 수 있는 어떤 물건이 아니다. 또한 푸코는 권력이 어느 한 장소에 집중되어 나타난다기보다 오히려 분산적이라고 생각한다. 전통적인 권력 개념에 의하면 권력은 오직 국가 권력이며, 따라서 권력은 국가 기구 안에 위치하고 있다고 가정되었다. 푸코는 이러한 국지화의 가정에 반대하는 가운데 권력이 사회 전체를 관통하고 있으며 마치 모세혈관처럼 구석구석에 편재omni-présence해 있다고 주장한다. 푸코는 68년 5월의 학생운동이 실패한 이유를 국가 권력에 대한 잘못된 가정, 즉 국가 권력을 실체적이고 국지적으로 이해한 데서 찾는다. 그가 볼 때 국가 권력은 당시의 학생들이 생각했던 것처럼 타도하기 쉽도록 어느 한곳에 따로 모여 있는 하나의 실체라기보다는 오히려 사회의 구석구석에 보이게, 보이지 않게 널리 분산되어 침투해 있는 어떤 것이다.

권력이 만들어 내는 주체, 규율에 복종하는 주체는 푸코가 말하는 규율사회의 핵심이다. 근대 이래 권력이 만들어 내는 주체는 사회적 규율을 내면화시키는 가운데 규율에 자발적으로 복종하는 주체이다. 만일 개인이 사회적 구조를 내면화할 경우 사실상 체제에 의해 통제되고 있는 개인은 자신이 통제되고 있다는 사실을 감지하지 못한 채 자기 스스로의 의지로 통제될 수 있다. 그리고 이 경우 권력은 그 정당성을 자연스럽게 확보할 수 있다. 통제되고 있는 개인은 자신의 내적 욕망에 의해 스스로 통제되기를 원해서 그렇게 되었다고 스스로 믿게 되는 것이다. 만일 이러한 주체가 저항할 수 있다고 한다면, 여기서 문제되는 저항은 권력 안에서의 저항이지 권력에 대한 저항이 아니다. 즉 저항 자체가 이미 권력의 효과일 뿐이다. 여기서 우리는 푸코의 규율권력 개념과 아도르노의 유연한 구조 개념 간의 유사성을 확인할 수 있다. 전통적인 권력 개념에 의하면 권력이 존재하는 양상은 억압과 배제와 처벌이다. 하지만 푸코가 볼 때 오늘날의 권력은 현실을 억압하기 이전에 현실 자체를 생산한다. 그리고 바로 이것이 현대의 규율사회 권력이 과거에 비해 보다 정교하고 효율적으로 개인들을 지배할 수 있는 이유다. 마찬가지로 아도르노에게 있어서도 체제에 반대하고 저항하는 모든 입장들은 이미 체제 안으로 통합된 입장들로 체제 유지 및 체제 재생산에 기여한다. 알튀세르가 강조한 것도 바로 이것이다. 즉 이데올로기적 구조에 의해 호명된 개인은 체제 유지 및 체제 재생산에 기여하도록 사용된다는 것이다. 주체를 호명하는 것이 바로 이데올로기라는 알튀세르의 생각과 비슷하게, 푸코는 주체를 생산해 내는 것이 바로 권력 자체라고 보았다.

2. 부르디외와 문화자본가들

부르디외는 권력의 정당화 문제, 즉 현대 자본주의 사회 속에서 지배 구조가 재생산되고 지배가 보다 교묘해지는 현상들에 관한 문제를 상징폭력violence symbolique 개념을 통해서 설명하고자 시도한다. 그는 아비투스habitus, 문화자본, 상징폭력 등의 개념을 사용해서 지배 구조의 재생산 과정을 분석하는데, 이 분석은 주로 '문화'에 집중된다. 부르디외가 볼 때 오늘날의 계급투쟁은 경제적인 영역에서만 일어나는 것이 아니라 예술이나 학문의 장을 비롯한 일상적 문화생활의 전반적인 영역에서 일어나고 있기 때문이다. 부르디외의 분석을 통해서 드러나는 사실은 자본주의 사회가 경제적 토대로부터 상대적으로 자율성을 지닌 문화적 도구에 의해 유지되고 있다는 것과 지배계급이 상징폭력을 통해 자신의 이데올로기를 피지배계급에게 주입시킨다는 것이다.

부르디외에 의하면 하나의 사회는 정치장, 경제장, 교육장, 종교장, 철학장, 문화장 등 그 안에서 인간행위자들의 실천이 전개되는 다수의 '장'champ들로 이루어져 있다. 그런데 사회를 구성하는 각각의 장들은 저마다 특수한 논리와 자본을 가지고 있다. 각각의 사회적 장 속에는 그 장에 고유한 경쟁 혹은 투쟁lutte의 내기물enjeu과 특정한 이해관계intérêts spécifiques, 그리고 지배의 체제institution, 전략stratégie 등이 존재하며, 각각의 사회적 장 속에서 행위자들은 일정한 규칙에 따라 내기물을 건 경합을 벌인다. 하나의 장 속에 있는 내기물과 이해관계는 그 장에 고유한 것들이다. 즉 그것들은 다른 장들에 속하는 내기물이나 이해관계로 환원될 수 없다. 이를테면 철학자가 지리학자와 내기물을 획득하기 위해 경합을 벌이지는 않는다. 마찬가지로 치킨집 사장이 갖는 이해관계는 종교지도자가 갖는 이해관계와는 다르다.

대개의 경우 각각의 장에 속한 행위자들은 그 장에 존재하는 지배의 틀과 경합의 규칙 자체에 대해서는 이의 제기를 하지 않은 채 경합에 참여한다. 행위자들이 장의 규칙에 순응하는 것이다. 규칙에 순응한다는 것은 규칙을 따른다는 것이고 규칙의 정당성을 인정한다는 것이다. 그렇다면 각각의 장의 고유한 규칙들은 누가 장악하고 있는가? 그것은 바로 장의 지배자들, 각각의 장의 고유한 자본을 독점하고 있는 자들이다. 부르디외가 사용하는 '자본' 개념은 경제자본만을 지칭하는 것이 아니다. 경제자본 이외에도 문화자본, 사회자본, 상징자본 등이 존재한다. 예를 들어 경제장 속에서는 효용과 생산성의 논리에 입각해서 경제적 자본을 축적하는 것이 관건이다. 따라서 우정이나 사랑과 같은 관계들은 원칙적으로 배제된다. 비즈니스는 비즈니스이기 때문이다. 반면 예술장은 물질적 이윤의 법칙을 거부하거나 역전시키는 가운데 구성된다. 달리 말해 예술장 속에서는 상업성이나 대중성이 가져다주는 경제적 자본의 축적보다는 문학성이나 예술성을 기준으로 삼는 '문화자본' 혹은 '상징자본'의 축적이 문제다. 경제자본이란 재화와 용역을 생산하는 데 사용될 수 있는 돈이나 물질적 대상을 뜻한다. 문화자본은 개인에게 보다 높은 사회적 지위를 가져다줄 수 있는 경제자본으로 전환 가능한 것들, 이를테면 지식, 소양, 기술, 교육 등을 가리킨다. 문화자본은 세 가지, 즉 체화된 문화자본, 객체화된 문화자본, 그리고 제도화된 문화자본으로 구분된다. 체화된 문화자본은 소양이나 매너 등을 뜻한다. 객체화된 문화자본은 예술품이나 과학기구 등을 말하고, 제도화된 문화자본은 학위나 자격증 등을 뜻한다. 사회자본은 사회 내에서의 위치와 관계 등을 가리킨다. 그리고 상징자본은 앞서의 세 가지 자본들, 즉 경제자본, 문화자본, 사회자본의 수준과 배열에 있어서의 차별적 소유를 정당화하는 수단을 뜻하는데, 사회적으로 통용되는 분류의 틀에 따른 위신, 명예, 혹은 인정 등에 기초하여 얻어진다. 예를 들어 문화장에서 문화자본을 독점하고 있는 이들, 즉 문화귀족, 문화자본가들은 갑자기 땅부자가 된 졸부들로부터 자신들을 쉽게 구별 지을 수 있다. 그들이 소유하고 있는 문화자본, 즉 단시간에 쉽게 배울 수 없는 예법, 관습, 말씨, 상식 등이 상징자본으로 기능하게 되기 때문이다. 이처럼 자신보다 바로 위에 위치한 계급으로부터 구별되는 격차를 따라잡는 동시에 자신보다 바로 아래에 있는 계급으로부터 구별되는 격차를 따라잡히지 않으려는 상징투쟁에서 자신을 구별시킬 수 있는 수단이 바로 상징자본이다. 어떤 사람이 자신의 바로 아래 계급과 구별될 수 있다는 것은 곧 그가 가진 자본이 이렇게 구별될 수 있을 만한 권위를 이미 획득했다는 것을 전제로 한다. 따라서 상징투쟁 과정에서 승리하여 권위를 획득하는 자본이 상징자본이 된다고 할 수 있다.

이들 상이한 자본들은 서로 바꿀 수도 있다. 문화

자본, 상징자본, 사회자본 등은 경제자본으로 전환될 수 있다는 것이다. 예를 들어 보자. 이른바 '스펙'은 실제로 돈이 된다. 청년들이 자기소개서에 한 줄이라도 더 쓰기 위해 고군분투하는 것도 이 때문이다. 스펙을 만들기 위해 애쓰는 것은 문화자본을 얻기 위해 애쓰는 것으로 바꾸어 말할 수도 있다. 부르디외에 의하면 이 같은 네 유형의 자본의 분배와 관계가 사회 내의 객관적 계급 구조를 결정한다. 달리 말해 사회 전체의 계급 구조는 다양한 집단들이 소유하는 자본의 총량을 반영하는 것이다. 각각의 장에서 그 장의 고유한 자본을 독점하고 있는 이들, 즉 지배계급은 가장 많은 경제적, 사회적, 문화적, 상징적 자본을 소유한다. 중간계급은 이러한 형태의 자본을 덜 소유하며, 하층계급은 이러한 자본을 가장 적게 가지고 있다.

부르디외는 저서 『구별 짓기』에서 경제자본과 문화자본의 많고 적음이라는 두 가지 축에 따라 오늘날 프랑스 사회의 계급을 경제자본도 많고 문화자본도 많은 부류, 경제자본은 많으나 문화자본은 적은 부류, 경제자본은 적으나 문화자본은 많은 부류, 그리고 경제자본도 적고 문화자본도 적은 부류로 구분한다. 그에 의하면 상류계급 내에서 취향이 갈라지는 이유는 바로 이러한 경제자본과 문화자본의 소유 비율 때문이다. 연극 관람에 관련된 취향을 예로 들어보자. 문화자본을 더 많이 가진 상류 계층 구성원들(전문직 종사자, 대학 교수, 언론인)은 대개 아방가르드 작품을 관람하는 경향이 있으며 멜로드라마를 얕잡아 본다. 반면 경제자본을 더 많이 가진 상류 계층 구성원들(기업 임원, 자영업자)은 대개 멜로드라마를 높이 평가하며 아방가르드 작품을 개밥의 도토리 취급한다. 이러한 관점에서 볼 때 한국사회에서 좌파와 우파의 대립은 문화자본 세력과 경제자본 세력 간의 대립으로 설명될 수도 있을 것이다.

여기서 장의 규칙들을 관리하고 통제하는 자들은 바로 장의 지배자들, 장의 자본을 독점한 자들이다. 따라서 규칙의 정당성을 인정한다는 것은 곧 장의 지배 체제의 정당성을 인정한다는 것, 즉 장 속에서의 착취와 지배의 정당성을 인정한다는 것이다. 이러한 정당화는 어떻게 가능한가?

부르디외에 의하면 장은 세 가지 요소들로 구성

된다. 그 장에 고유한 이해관계와 내기물, 그리고 그러한 내기물을 차지하기 위한 투쟁에 기꺼이 자발적으로 참여하는 행위자들이다. 투쟁의 공간인 장이 작동하는 이유도 바로 합법적으로 권력을 행사할 수 있는 지배 권력인 상징폭력을 독점하기 위한 행위자들 간의 자발적인 투쟁 때문이다. 다시 말해 상징폭력을 독점하기 위한 투쟁이 장을 작동시키는 동인이다. 그렇다면 상징폭력이란 무엇인가? 부르디외는 상징폭력을 '대표자의 신비mystère du ministère'라는 개념을 통해서 설명한다. '대표자의 신비'란 대표자가 피지배계급의 권력을 횡령usurpation하고 있다는 사실이 피지배계급에게 은폐됨으로써 대표자의 명령imperium이 정당성을 얻게 되는 과정을 의미한다. 상징폭력은 피지배계급의 '인정reconnaître'을 전제로 하는 권력이다. 여기서 인정이란 대표자를 통해 행사되는 폭력의 양태를 피지배계급이 '오인méconnaître'하는 과정을 뜻한다. 상징폭력은 그것을 떠받치고 있는 역학관계를 은폐하는 가운데 피지배계급에게 임의적인 의미들 −이러한 의미들은 세계관일 수도 있고 믿음이나 가치일 수도 있다− 을 부과하는데, 피지배계급은 이러한 의미를 정당한 것이라고 '오인'하는 가운데 장의 자본을 독점한 지배계급의 권력을 정당한 권위로 '인정'한다. 사실 장 안에서의 행위자들은 장에 편입되어 그 게임에 참가하는 순간, 오인한다. 그리고 이들은 오인의 과정을 통해 지배계급의 상징폭력을 인정하게 되는 것이다. 여기서 '오인'이란 권력관계가 그 자체의 객관적인 모습으로 비추어지지 않고 정당한 '권위'로서 받아들여지는 과정을 의미한다. 행위자가 장에 참가해서 그 게임에 참가하는 순간에 이미 오인을 하게 된다는 것은, 다시 말해 게임을 위한 실천을 미처 시작하기도 전에 오인을 하게 된다는 것은 애초에 오인이 장 속에서 행위자가 행하는 모든 실천에 선행한다는 것을 의미할 수밖에 없다. 그렇다면 장에 고유한 자본, 즉 장의 내기물을 확장하기 위한 실천은 그것이 지배자의 실천이든 피지배자의 실천이든 마찬가지로 오인에 의해서 조건 지어진다고 보아야 한다. 요컨대 오인은 모든 실천의 조건이다. 이와 같이 오인은 장 속에서의 행위자의 실천을 가능하게 만들어 주며, 또한 여기서 실천이란 바로 합법적인 지배 권력인 상징폭력을 독점하기 위한 다른 행위자들과의 투쟁을 의미한다. 그러므로 행위자가 오인하면서 인정하는 것은 바로 상징폭력을 독점하기 위해 투쟁하기 위해서라고 할 수 있다. 행위자가 내기물을 차지하려는 투쟁을 하기 위해 오인하며 인정한다는 것은 곧 행위자가 자발적으로 오인과 인정을 행한다는 것을 말하는 것이다. 그렇다면 상징권력에 의한 지배는 스스로 기꺼이 지배당하기를 원하는, 그러한 형태의 지배일 수밖에 없다. 피지배자는 장의 참가자 모두가 갖길 원하는 것, 즉 상징폭력 혹은 상징자본을 가지려 하면서 지배당하는 것이기 때문이다. 피지배자가 지배하기 위해 노력하기에 지배를 받을 수밖에 없는 것이다. 결국 지배와 피지배 관계가 존속될 수 있는 이유는 특정한 장 내에서 행위자들 모두가 참가하고 있는 내기물을 획득하기 위한 상징투쟁이라는 게임이 지속되기 때문이다. 이처럼 모두가 내기물을 차지하고자 하는 목적으로 게임에 임하고 있는 한 지배와 피지배 관계, 장 속의 계급 질서는 유지될 수밖에 없다. 그리고 이는 곧 모든 착취와 이러한 착취의 정당화에 단지 지배계급뿐만 아니라 피지배계급도 동의하고 있다는 것을 의미한다.

이것을 선물의 예를 통해서 설명해 보자. 부르디외는 알제리 카빌Kabyle 지역의 한 부족에 대한 인류학적이고 민속학적인 연구를 하면서 '상징적 연금술'이라 불리는 '완곡화'의 메커니즘을 통해 착취와 지배가 정당화되는 과정을 보여 준다. 여기서 완곡화, 즉 상징적 연금술이란 경제적 교환이 갖는 명백한 이해타산과 계산 가능성을 오인하거나, 무시하거나 부정하도록 만드는 것을 의미한다. 카빌 사회에서 남자나 손위 형제, 또는 주인이 여자나 어린 형제, 또는 하인이나 소작인에게 선물을 주기 시작한다. 이러한 선물 증여 행위를 통해서 이 선물을 주는 사람은 일시적이거나 지속적인 경제자본의 감소를 겪게 된다. 그리고 바로 이러한 사실로 인해서 선물을 받는 사람은 거기에 답례해야만 한다는 부채의식을 갖게 된다. 이런 부채의식은 선물을 주는 사람에 의해 요구되거나 강제된 것이 아니라 선물을 받는 사람이 저절로 혹은 자발적으로 갖게 된 것이다. 그래서 이 부채의식은 자발적인 감사나 자발적인 순종의 논리로 나타나게 된다. 선물을 주는 사람은 자신이 선물을 통해서 얻게 될 경제적 이익을 계산하지 않고서 선물을 증여하는 것처럼 여겨진다. 선물을 받는 사람 역시 자신이 갖는 부채의 경제적 차원을 계산하지 않고 그 선물을 감사히 받는 것처럼 여겨진다. 하지만 이 과정에서 선물을 주는 사람은 선물의 수혜자를 지배할 수 있는 명예나 권위라는 상징자본을 취득한다. 선물이 마치 일종의 연금술과도 같이 작용한 것이다. 연금술이 쇠를 금으로 바꾸듯이 선물이라는 상징적 연금술은 선물을 주는 사람의 경제적이고 정치적인 이해관계를 비이해관계적이고 비경제적인 호의로 변화시킨다. 달리 말해 경제적이고 정치적인 관계를 상징적인 관계로 둔갑시켜 버리는 것이다. 바로 이러한 식으로 지배나 착취 관계는 상징적으로 미화된다. 덜 착취적이고, 덜 지배적으로 완곡화되는 것이다. 그래서 지배와 예속관계는 정서적 유대 관계로, 권력은 카리스마나 매력으로 미화된다. 게다가 부르디외에 의하면 이러한 완곡화는 보다 효과적인 경제적 착취와 정치적 지배를 가능하게 하는 상징공간을 창출한다. 카빌 사회의 관습인 카메스 제도에 의하면 소작인은 주인으로부터 수확의 5분의 1을 받는다. 이것은 엄연한 착취다. 소작인이 시장 논리나 국가의 제

약을 무시할 경우에만 가능한 상황이다. 하지만 어떻게 이러한 무시가 가능한가? 바로 지배 관계와 착취 관계가 자신의 아들을 돌보게 하거나, 자신의 딸과 결혼시키거나, 선물하는 것 등 일련의 상징적 연금술들에 의해서 가족 관계로 변화되었기 때문이다. 즉 주인은 소작인에게 어떤 상징적 의미를 부과하며 소작인은 이 상징적 의미를 정당한 것으로 오인하는 가운데 인정하는 것이다.

하지만 왜 피지배자들은 상징폭력의 양태를 오인하는가? 그 이유는 상징폭력이 피지배자들의 암묵적인 동의consentement implicite와 더불어 행사되기 때문이다. 상징폭력의 지배에 대한 암묵적인 동의는 피지배자들이 이러한 지배에 관해서 생각해 보기 위해 사용하는 범주가 바로 지배자들의 범주라는 사실에서 기인한다. 피지배자인 행위자들은 장의 규칙을 받아들이고, 장이 창출해 내는 가치와 믿음에 전적으로 몰입한다. 이 규칙과 가치를 만들어 내는 장본인이 바로 지배자인 행위자들이다. 물론 지배자들은 자신들이 피지배자들을 속이고 있다고 생각하지 않는다. 마찬가지로 피지배자들도 또한 자신들의 복종을

복종이라고 인식조차 하지 못한다. 요컨대 지배자들이든 피지배자들이든 모두가 상징폭력을 오인하는 것이다. 그러니까 상징폭력의 오인은 장의 구성원들 모두가 참여하는 일종의 집단적 기만인 셈이다. 바로 이러한 의미에서 구성원들 모두는 서로 간에 공모complicité관계를 갖는다. 모두가 저 상징폭력의 공범인 셈이다. 이를 부르디외의 어휘로 말하자면 지배자와 피지배자는 동일한 아비투스를 공유한다. 상징폭력은 그것을 독점하기 위한 투쟁이 벌어지는 장소인 장의 구조에 맞게 조정된 성향, 즉 아비투스에 기반을 두고 있는 것이다.

아비투스는 객관적 구조가 행위주체 속에서 체화되고 내재화된 결과물을 뜻한다. 행위자는 이 객관적 구조 속에서, 즉 교육환경과 같은 자신의 삶의 조건들 속에서 지속적으로 아비투스를 습득하게 된다. 행위 주체가 오랜 시간에 거쳐 아비투스를 습득한다는 것은 곧 그가 객관적 구조를 내재화시키고 체화시킨다는 것을 뜻한다. 이렇게 볼 때 아비투스는 개별 행위자들이 성장 과정에서 직면하는 객관적 삶의 조건에 대한 대응의 결과물로서 형성되는 어떤 것이다.

이것이 개별 행위자의 차원에서는 특정한 상황에 직면했을 때 부지불식간에 특정한 일련의 반응을 하게 만드는 힘으로 작용한다. 예를 들어 구운 오징어 냄새를 맡은 프랑스인은 시체 타는 냄새 같다며 경악할 수도 있을 것이다. 반면 한국인은 그것을 맛있는 냄새로 느낀다. 반대로 푸른곰팡이 치즈fromage bleu 냄새를 맡은 한국인은 발 고린내가 나는 듯한 기분 속에서 '혹시 치즈를 발로 만들었나?'라는 의구심을 가져 볼 수 있다.

아비투스와 장의 상관관계를 통해서 상징폭력의 과정을 요약해 보자면 다음과 같다. 아비투스를 구조화하는 장은 아비투스를 통해서 규칙의 정당성을 모든 행위자들 속에 믿음의 형태로 체화하거나 내재화하는 것이다. 이러한 체화는 아비투스를 장의 구조에 잘 맞도록 조정한다. 그리고 이러한 아비투스와 장의 화합은 투쟁의 암묵적 규칙을 더욱 강화시키는 결과를 가져 온다. 그래서 행위자는 규칙에 대한 맹목적 신앙, 즉 환상illusio을 갖게 되며 그와 더불어 규칙의 역사적 구성은 망각되고 은폐된다. 결국 아비투스는 규칙이나 상징폭력의 정당성에 대해서 근본적으로

의심할 수 있는 능력을 행위자로부터 박탈한다. 행위자는 그 장에 잘 어울리는 주체, 즉 장의 규칙을 의심 없이 따르는 주체가 되어 버리는 것이다.

3. 본론 정리: 오직 사라지면서만 존재하게 될 좌파들을 위하여

박탈당한 자들은 왜 지배계층(의 취향)을 흉내 내는가? 도대체 왜 박탈당한 자들은 지배계층이 입는 이념의 옷을 입고 싶어 하는가? 아비투스가 우리의 생각과 실천의 방식을 규정한다는 사실은 결국 지배자들에게 유리하게 작용한다. 지배자들은 자신들을 피지배자들로부터 구별 지으려는 의도를 가지지 않으면서도 구별 지을 수 있기 때문이다. 지배자들은 구별 짓기의 의도 없이도 구별 짓기를 하며 귀족적인 우아함을 추구하지 않으면서도 귀족적인 우아함인 상징자본을 획득한다. 달리 말해 지배자들은 자연스럽게 구별되며, 자연스럽게 상징자본을 획득하는 것이다. 여기서 자연스럽게 구별된다는 것은 곧 지배자들이 마치 천성적으로 구별되고 천성적으로 우아한 것처럼 보이는 것을 뜻한다. 이러한 구별 짓기는 의도적이든 아니든, 계급의 차이를 정당화하는 기능을 하며 사회적 재생산 과정에 기여한다. 사실 취향이나 삶의 양식의 차이는 아비투스를 통해서 위계적 구조가 내면화되고 체화되는 과정 속에서 경험적으로 축적된 결과물에 불과할 뿐이다. 누구라도 그러한 집안이나 그러한 환경에서 자랐으면 당연히 자연스럽게 습득할 수 있었을 아비투스를 통해 도달한 어떤 결과물이라는 이야기다. 하지만 사람들은 자신들의 취향이 마치 태어나면서부터 정해져 있었던 것처럼, 천성적으로 주어진 것처럼 받아들인다. 그렇기에 사람들은 지배계급과 피지배계급 사이의 문화적 취향의 차이를 후천적으로 습득된 것이 아니라 선천적으로 타고난 것으로 간주하게 된다. 중세 유럽의 봉건시대에 귀족이라는 사회적 지위가 후천적인 행위나 성취에 의해서 규정되는 것이 아니라 대대로 이어진 혈통에 의해 규정되었던 것처럼, 오늘날의 지배계급 역시 타고난 문화적 취향을 가진 문화귀족noblesse culturelle으로 여겨지게 되는 것이다. 그 결과 사회적 위계질서는 극복의 대상이 아니라 자명한 것으로 받아들여야 할 대상이 되어 버리고 만다. 계급의 차이가 취향의 차이를 통해서 정당화되는 것이다. 그렇다면 지배자들은 어떻게 자신들을 피지배자들로부터 구별 지으려는 의도를 갖지 않으면서도 구별 지을 수 있는 것일까? 이에 대한 대답은 바로 아무 것도 하지 않는다는 것이다. 지배자들은 사실상 아무 것도 하지 않으면서도 구별 짓기를 수행할 수 있다. 물론 여기서 아무 것도 하지 않는다는 것이 문자 그대로 그 어떠한 행위도 하지 않는다는 것을 뜻하는 것은 아니다. 어떤 목적을 이루고자 하는 특별한 의도 없이 자신들이 원래 갖고 있었던 생활 습관대로 말하거나 행동하는 것을 뜻하는 것이다. 즉 앞에서 예로 든 카빌 지역 토지 소유자들의 선물 증여와 마찬가지로 장의 지배자들은 자신의 이해관계에 대한 의식적인 고려 없이 단지 그들이 습득해 온 생활 습관을 실천하는 것만으로 호의적 평가라는 상징자본을 획득하게 되는 것이다. 자, 생각해 보자! 지배자들의 삶의 양식 style de vie은 좋은 취향의 척도가 될 수밖에 없다. 지배자들은 현재 장 속에서 벌어지고 있는 상징투쟁에서 이미 우위를 점하고 있는 자들, 즉 자본의 독점을 통해서 이미 상징폭력을 획득한 자들이기 때문이다.

사실, 장에 참여하는 모든 이들이 따르는 규칙은 바로 지배자의 상징권력이 쟁취한 전리품(상징폭력)이다. 척도란 그것을 본받고 그것을 따라야만 하는 어떤 것이며 규칙도 마찬가지이다. 피지배자들은 상징투쟁에 참여하기 위해 이미 장 속의 규칙에 동의한 상태이기 때문에 규칙을 따르는 가운데 사실상 규칙과 동일한 가치를 가진 지배자들의 삶의 양식을 척도로 삼아 따르고 흉내 내는 것이다. 결국 구별 짓기를 수행하기 위해 지배자들은 아무 것도 할 필요가 없다는 결론이 도출된다. 그들의 존재 방식 자체가 피지배자들이 따라야만 하는 척도 그 자체이기 때문이다. 이러한 구별 짓기의 효과는 예술가들에게도 적용될 수 있다. 플로베르뿐 아니라 마네, 조이스, 프루스트 등과 같은 모더니즘 예술가는 모두 특권 사회계층 출신이다. 브루디외에 의하면 그들이 화상들의 요구나 시장의 요구를 거절하며 물질로부터 초연한 자세를 취할 수 있었던 것은 물질적 필요와 편안한 거리를 유지할 수 있었기 때문에 가능했다. 그런데 물질적 필요에 흔들리지 않는 이러한 내적 안정은 아비투스에서 기인한다. 의도하지 않은,

일종의 습관과도 같은 우아함이 그들에게 문화적이고 상업적인 성공을 안겨 주었던 셈이다. 당장의 물질적 필요를 초월한 그들의 태도라는 아비투스는 비평가들의 호의적인 평가를 낳았고 이러한 평가는 장기적인 상업적 성공의 토대가 될 수 있었다. 하지만 저 모더니즘 예술가들은 이러한 성공에 이르기 위해 무엇을 하였는가? 그들은 아무 것도 하지 않았다. 그들은 그냥 그대로 있었을 뿐이며, 있는 그대로의 존재 방식 자체가 예술장 속에서의 탁월한 구별 짓기를 수행했던 것이다.

또 다른 예를 하나 들어 보자. 어떤 사람이 주차장에서 주차한 후에 차문을 열다가 옆에 주차해 있던 시가 수억 원대 외제 차의 문을 찍는 사고가 있었다고 한다. 고액의 수리비가 예상되는 상황에서 피해 차량의 차주였던 한 재벌 회장은 가해자에게 차량 수리비를 요구하지 않고 그냥 보내 주었다고 전해진다. 이는 많은 사람들에게 알려진 유명한 일화인데, 이를 통해 적지 않은 사람들이 저 재벌 회장에 대해서 호의적인 평가를 하게 되었다. 이를 통해 문제의 재벌 회장은 일종의 상징자본을 획득한 것이다. 그런데 이러한 상징자본의 획득에 도달하기 위해 그는 무엇을 하였던가? 그는 아무 것도 하지 않았다. 그는 그냥 그대로 있었을 뿐이다. 당장 시급한 물질적 필요로부터 거리를 둘 수 있는 초연함. 보통 사람이 이런 우아함에 도달하기 위해서는 엄청난 노력을 짜내어야 가능할까 말까 할 것이다. 하지만 원래 돈이 많았던 저 재벌 회장은 평소의 아비투스대로 급작스럽게 닥친 상황에 반응하였고 그가 갖고 있었던 원래의 존재 방식 자체가 어떤 이들에게는 범접할 수 없는 고상함 내지는 우아함으로 여겨졌던 것이다. 이것은 별다르게 특수한 경우가 아니다. 장의 지배자들, 즉 기득권을 가진 자들은 모두가 이러한 방식으로, 아무 것도 별다르게 하는 것 없이 자신들을 피지배자들로부터 자연스럽게 구별 지을 수 있는 것이다.

그렇다면 한국의 좌파 이데올로그들, 오늘날 한국의 문화장에서 문화자본을 거의 독점하고 있는 이들은 어떻게 자신들을 다른 사람들로부터 구별 짓고 있는가?(여기서 NL계열 이데올로그들은 논외로 하겠다. 왜냐하면 오늘날의 한국 좌파를 논하기 위해서 이들을 언급한다는 것은 일종의 시대착오anachronism

일 것이기 때문이다. 동시대 속의 비-동시성. 그렇다. 이들은 우리와는 다른 시/공간 속에서, 엄밀하게 상상해 보자면 바로 1789년 프랑스 혁명 직후 소집된 국민의회 당시의 의장석 오른쪽에서 살아가고 있다. 이들은 좌파 코스프레를 하고 있는 사실상의 왕당파인 것이다. 이들 중의 어떤 이들은 최근에 출판된 그들의 저서에서 독재시절의 흔적인 '운동의 관성'과 제도 정치에 진입한 '대중 정당으로서의 정체성' 사이에서 갈등과 모순을 겪어 왔다고 고백하고 있다. 하지만 아무리 보고 또 봐도 독재시절에 이들이 했던 운동은 우리가 아는 그 운동이 아니라 사실상의 왕정복고운동이었고, 따라서 이들이 겪어 왔던 내부적 갈등과 모순은 왕당파와 공화파 사이의 모순이었던 것으로 보인다. 우리는 저분들을 놀라게 해서는 안 되며, 따라서 저 당시로 고이 돌려보내 드려야만 한다. 그렇지 않으면, 저 글의 저자들처럼 역사의 흐름에 대한 급작스런 깨달음이 주는 지나친 압박감에 눌려 하얗다 못해 시퍼렇게 질려 버릴지도 모른다.) 구별짓기를 하기 위해 그들은 아무 것도 하지 않는다. 그저 기존의 존재 방식을 고수하고 있을 뿐인데도 좌파 이데올로그들은 상징자본을 취득하고 타인들로부터 존경받는다. 물론 그들이 말 그대로 정말로 아무 것도 하고 있지 않은 것은 아니다. 그들은 해 왔던 것들을 계속해서 하고 있는 것이다. 그들은 무엇을 해 왔던가? 그간 그들은 문화장 및 정치장에서 자본을 독점하기 위한 게임을 질리지도 않고 끊임없이 수행해 왔다. 특히 그들은 문화장 내에서 이미 그들이 거의 독점하다시피 하고 있는 문화자본을 유지 및 증식시키기 위해 끊임없이 문화상품, 문화 콘텐츠를 생산해 내고 있는데, 이러한 상품들의 주제는 집권 여당에 대한 비난이 대부분이고, 비판은 아주 약간 섞여 있다.

한국 문화장의 문화자본은 좌파 이데올로그들이 독점하고 있다. 알라딘이나 교보문고 웹 사이트의 정치 분야 베스트셀러 목록을 검색해 보면 좌파 이데올로그들이 거의 독점적인 지위를 차지한 것을 쉽게 확인할 수 있다. 문화자본 독점 현상은 연예계에서도 두드러지게 관찰된다. 연예인들이 좌파적 성향을 갖고 있다고 자기선전을 하는 것은 문화자본을 획득하기 위한 장점으로 작용하는 반면, 우파적 성향을 갖고 있다고 밝히는 것은 문화자본을 상실할 수도 있는 단점으로 기능한다. 이를테면 일베 사이트를 이용한다고 알려진 몇몇 연예인들은 대중들의 가혹한 문화적 숙청을 당했던 반면 좌파적 입장을 표명해 왔던 몇몇 연예인들은 바로 그 사실로 인해서 고정 지지층을 확보하고 확장해 왔다. 좌파 이데올로그들은 늘 하던 대로 상대방 진영이 이미 확보하고 있는 상징권력에 흠집을 내는 것에 집중한다. 이들이 취하는 상징투쟁의 전략은 더하기가 아닌 빼기다. 그런데도 문화상품의 주요 소비자들인 피지배자들은 자신들이 이미 문화장 내에서의 상징투쟁에 참여하고 있기 때문에 문화자본을 독점한 좌파 문화귀족들, 좌파 문화자본가들을 기꺼이 존경한다. 피지배자들은 문화장 속의 상징투쟁에 참여하기 위해 그들이 기꺼이 받아들인 장의 규칙의 실질적 입안자들인 좌파 문화자본가들의 생활양식을 흉내 내면서 이들을 본받아야 할 위인의 자리로 자연스럽게 올려놓고 있다. 자본주의 사회에서 누군가를 존경한다는 것은 그로부터 구별 짓기를 당했다는 뜻이다. 이를테면 피지배계층의 자제가 병역의 의무를 수행하는 것은 아무런 구별 짓기도 하지 못하는 반면 연예인이나 정치인이 군대에 갈 경우 온갖 칭찬과 상징자본을 획득하곤 한다. 이러한 상징자본은 연예인의 인기로, 정치인의 지지율로 전환될 수 있다. 이것이 '노블레스 오블리주' 운운하며 자연스럽게 여겨진다면, 장의 내기물을 획득하고 싶은 열망으로 인해 장의 규칙에 동의했기 때문이라고 할 수 있다. 노인들이 과거의 독재자를 찬양하는 것이나 비정규직 청년들이 특전사 출신 정치인이나 인권변호사 출신 정치인을 찬미하는 것 역시 장의 논리라는 기제가 작동한 결과라고 할 수 있다. 그러므로 만일 누군가를 존경해야만 한다고 요구하는 사람들이 있다면, 의심하라. 우리가 믿고 싶은 대로 존경받을 만한 인간, 이른바 '위인' 따위는 이 세계에 존재하지 않는다. 노동자에게는 조국이 없기에, 조국을 빛낸 위인도 없다. 그러니 존경하지 말자. 존중만 하자. 그래도 굳이 누군가를 존경하고 싶다면 차라리 모든 인간들을 존경하라. 물론 이러한 빼기 전략은 우파도 취하고 있다. 다만 문화장이 좌파 이데올로그들에 의해 거의 독점되다시피 한 상황이기에, 우파가 행하는 빼기 전략은 주목받거나 존경받지 못할 뿐이다. 요컨대, 좌파 이데올로그들은 정치장 및 문화장에 고유한 내기물들을 유지, 획득하기 위한 그들만을 위한 게임, 그들만을 위한 상징투쟁을 실행하고 있을 뿐이다. 그래서 딱히 구별 짓기를 의식적으로 행하지 않음에도 구별되고 있는 것이다.

여기에는 이런 반론도 가능하다. 좌파 이데올로그들이 문화장 속에서 자신들만을 위한 상징투쟁을 하고 있을 뿐이며 이로 인해 존경받는다고 할지라도 그들의 상징투쟁이 우리 사회를 개선시키는 것에 기여하고 있지 않은가? 답하자면, 절반은 맞고 절반은 틀리다. 우리는 앞에서 오늘날 자본주의 체제가 유지될 수 있는 것은 바로 구조의 유연화 때문이라는 것을 살펴보았다. 구조의 유연화에서 도출될 수 있는 결론은 바로 자본주의 체제에 속하는 구성원들 모두가 좌우를 막론하고 체제의 재생산, 다시 말해 체제를 정당화시켜 주는 일에 참여하고 있다는 사실이다. 그런데 자본주의 체제를 정당화시켜 주고 있는 이들 중에서 가장 강한 파급력을 지닌 이들은 누구일까?

자본주의 체제가 정당하지 않다고 생각할 가능성이 가장 많은 계층은 체제 구성원의 대다수를 차지하고 있으면서도 체제가 행사하는 폭력과 불평등에 가장 많이 노출되어 있는 이들, 즉 피지배계층이다. 그래서 자본주의 체제가 자신의 정당성을 가장 우선 설득해야만 할 대상도 역시 피지배계층이다. 그렇다면 누가 체제의 정당화를 가장 효과적으로 수행할 수 있을까? 바로 좌파 이데올로그들이다. 피지배계층은 그들의 계급적 조건으로 인해 반체제적 성향을 가질 가능성이 높을 수밖에 없다. 따라서 이들은 반-체제적인 것처럼 보이지만 실제적으로는 체제의 유지 및 재생산에 기여하고 있는 입장, 좌파적이라고 자처하는 입장을 지지하는 것으로 기울 수밖에 없다.

우리는 앞에서 19세기 후반에 사회주의자들이 시도했던 사회주의 문화운동이 사실상 노동자들을 부르주아 문화에 통합하는 데 기여함으로써 자본주의 자체를 증진시킴과 동시에 강화시키는 결과를 낳았다는 점을 지적했다. 왜 사회주의 문화운동은 부르주아 문화운동으로 변질되어 버릴 수밖에 없었던 것일까? 도널드 서순에 의하면 사회주의자들이 원했던 것은 자주적인 노동자 문화를 장려하는 것이었지만 그들이 실제로 노동자들에게 읽고 배우도록 권했던 것은 바로 당시의 부르주아 문화 중 가장 올바른 것이라고 그들이 평가하고 있었던 것들이다. 이들은 자주적인 노동자 구축이라는 이상적 목표와 계몽은 위에서부터 온다는 사실적 믿음 사이에서 모순된 충돌을 겪고 있었던 것이다. 이러한 모순된 충돌은 어디에서 기인하였을까? 바로 사회주의 지식인들의 계급적 한계에 기인한다. 비록 마르크스와 엥겔스는 노동계급의 해방은 노동자들 스스로가 책임져야만 한다고 주장했지만, 중간계급 출신이었던 당시 대다수 사회주의 지식인들, 즉 '좌파 문화자본가들'은 노동자들의 문화적 개선이란 바로 중간계급에 속하는 그들 자신이 옳다고 생각하는 문화, 부르주아 문화를 토대로 성취될 수 있다고 믿었던 것이다.

역사는 반복된다. 오늘날 한국 사회의 문화자본가들은 노동자들의 문화적 개선을 위한 토대를 어디에서 구하고 있는가? 그들은 노동자들의 계몽을 위한 잣대를 자신들의 도덕, 부르주아 도덕에서 구하고 있다. 이를테면 그들은 '상식이 통하는 사회'를 이루자고 외치고 있다. 물론 저 표어는 상대방인 우파 진영이 비상식적일 뿐만 아니라 또한 몰상식적인 사회를 만들어 가고 있다고 몰아가기 위한 전형적인 빼기 전략의 소산이다. 만일 현재 '우리'의 한국 사회가 비상식적이고 몰상식적인 사회라면, 그것은 단지 충분히 모자라 보이는 우파만의 책임이 아니라 그렇게 부족한 정체가 구성되도록 방기한 우리 모두의 책임일 것이다. 하지만 우리 사회는 저들이 믿고 싶어 하는 것만큼이나 비상식적인 독재 사회는 아니다. 현재의 야당이 집권했던 과거의 10년이 오늘날보다 더 민주적이지도, 더 인권적이지도, 더 소통적이었던 것도 아니었으며, 오늘날보다 덜 권위주의적이지도, 덜 친재벌 정책적이지도, 덜 신자유주의적이었던 것도 역시 아니었다. 국가보안법은 그 당시에도 건재했으며 시위에 대한 과잉 진압은 그때에도 마찬가지였으며, 사실상 친미를 저버린 적도 없거니와, FTA도 이미 착실히 준비되어 가고 있었다. 이것은 결코 우파가 잘했다는 말이 아니라 좌파 코스프레는 있었을지언정 실제 좌파가 집권한 적이 한 번도 없다는 사실을 말하는 것이다. 즉 우리 사회는 좌우를 막론하고 오른쪽 길을 착실히 따라 왔었던 것이다. 잊지 말자. 독재가 아니더라도 없는 자들에게 있어 자본주의는 이미 충분히 잔인하다. 왜 자꾸 초점을 독재에 맞추는가? 좌파의 저 철 지난 반독재 투쟁 (그리고 항일 투쟁) 이미지 생산이 야기하는 가장 괘씸한 결과는 이렇게 쓸데없이 좌파의 현실적 과제를 반독재 투쟁과 동일시함으로써, 정작 중요한 반자본주의적 저항의 참된 과녁인 부의 불평등 문제가 애초부터 논외로 밀려나 망각된다는 것이다. 민주주의의 위기, 경제 위기, 국제 안보 위기, 질병 관리 위기 등등 수많은 예외 상태들을 강조하며 정권교체를 강조하는 이들이 간과하는 가운데 은폐하고 있는 것은 없는 자들의 항구적인 위기, 즉 자본주의 체제 내에서 이미 정상상태가 되어버린 지 오래인 박탈당한 자들의 위기이다.

'상식이 통하는 사회'는 단지 좌파 문화자본가들의 빼기 전략일 뿐 아니라 그들의 계급적 이익을 반영하고 있기도 하다. 우리 사회가 상식이 통하는 사회가 아니라고 가정해 보자. 그래서 상식이 통하는 사회가 실현된다면 가장 많은 이득을 볼 수 있는 사람은 누구일까? 바로 문화장의 지배자들인 좌파 문화자본가들이다. 상식sens commun이란 무릇 양식bon sens을 척도로 해서 구성되기 마련이다. 그런데 양식의 가장 큰 생산자는 누구인가? 그것은 바로 좌파 문화자본가들이다. 문화장의 자본을 독점하고 있는 그들의 삶의 방식, 즉 부르주아 도덕이 상식의 척도가 되기 때문이다. 그들에게 가장 익숙한 아비투스가 상식으로 자리 잡게 될 경우, 문화장 자본의 독점은 더 강화될 수밖에 없고, 그들의 상징권력과 그에 따르는 지배적 지위 역시 강화될 수밖에 없다. 이것이 바로 그들이 '상식이 통하는 사회'를 주장하는, 아마도 그들 자신은 미처 깨닫고 있지 못하고 있을 계급적 이유이다. 그리고 앞에서 언급했다시피, 부르주아 도덕은 사회주의 도덕이 아니다. 결국 문화자본가들이 요구하는 '상식이 통하는 사회'는 애당초 좌파적 사회가 아니라 우파적 사회일 수밖에 없는 것이다.

이와 같이 체제 내 다수인 피지배계층들에게 체제 유지에 기여하는 체제의 정당화 작업을 가장 효과적으로 실행시킬 수 있는 이들은 우파 이론가들이 아닌 바로 좌파 이론가들이다. 그렇다. 문화자본가가 된 좌파 이데올로그들이 한국 사회를 개선시키는 데 일정 부분 기여해 온 것은 사실이다. 하지만 자본주의 체제가 파열되거나 전복되는 대신에 체제의 지속적인 개선을 통해, 즉 체제 내 모순 및 갈등의 항구적인 완화를 통해 유지 및 재생산되고 있는 것 또한 사실이다. 따라서 만일 좌파 문화자본가들이 한국 자본주의 체제를 개선시키는 데 기여하고 있다면, 이것은 곧 그들이 실제적으로는 체제의 내적 모순을 완화시키는 가운데 혁명의 가능성을 사전에 차단함으로써 체제를 지속시키는 것에 기여하고 있다는 사실을 의미할 따름이다. 좌파 문화자본가들은 혁명의 동지가 아니라 체제의 동지이며 체제의 적이 아니라 혁명의 적인 것이다. 이념을 기호로서 생산하고 기호로서 소비하는 것을 흥청망청 반복하고 있을 뿐인 좌파 문화자본가들은 혁명을 위해 pour la révolution 아무 것도 하고 있지 않은 반면에, 혁명에 반해 contre la révolution 많은 것을 하고 있는 것이다.

지금은 혁명의 적으로 추락해 버린 좌파 문화자본가들도 한때 혁명을 꿈꾸었던 진짜 좌파였을지도 모른다. 잉게보르크 바하만 Ingeborg Bachmann 이 『유희는 끝났다 Das Spiel ist aus』(1954)에서 "추락하는 이에게는 누구나 날개가 있다 Jeder, der fällt, hat Flügel"고 노래했던 것처럼 그들에게도 반현실적 혁명의 창공을 눈부신 열정으로 비행하던 흔적이 아직 남아 있을지도 모를 일이다. 그래서 만일 조건만 충족될 수 있다면 '체제 유지로 귀결되는 체제에 대한 저항'이라는 자본주의의 이데올로기적 구조의 두터운 피하지방층을 뚫고 다시금 왼쪽 날개가 새로 돋아날 가능성이 남아 있을지도 모른다. 그런데 과연 무엇이 이 혁명적 재비행의 기회를 가능하게 만들어 주는 조건일 수 있을까? 그것은 바로 계급적 '겸비self-humiliation'이다. 이것은 단순히 경제적인 비워 냄만을 뜻하는 것이 아니라 그간 좌파 문화자본가들이 문화장 속에서 축적해 온 모든 문화자본과 모든 상징자본까지도 비워 냄을 함의하고 있는 그러한 겸비이다. 그리고 이것은 곧 그들이 마치 박탈당한 이들, 즉 룸펜들이 그러한 것처럼 문화장, 정치장, 경제장 등에서 보이지 않게 되어야만 한다는 것을 의미한다. 룸펜들이 그러한 것처럼 고통스럽게 사라져 가야만 한다는 것을 뜻한다. 물론 말 그대로의 탈계급적 겸비를, 그것도 불가능한 것으로만 보이는 혁명을 위해 실행한다는 것은 쉬운 일이 아니다. 자본주의 사회 속에서 내가 가진 모든 자본들을 포기한다는 것,

박탈당한 이들과 합류한다는 것은 마치 죽음과도 같은 것이기 때문이다. 하지만 니체는 다음과 같이 말했다.

"Ich weiss keinen besseren Lebenszweck als am Grossen und Unmöglichen zu Grunde zu gehen: animae magnae prodigus."(Friedrich Nietzsche, 『Vom Nutzen und Nachteil der Historie für das Leben』, 1874)

"*'거대한 영혼을 허비함aniae magnae prodigus'으로써 죽는 것보다, 다시 말해 위대한 것과 불가능한 것을 추구하는 가운데 죽는 것보다 더 나은 삶의 목표를 나는 알지 못한다.*"(프리드리히 니체, 『삶에 대한 역사의 공과』, 1874)

왼쪽 어깻죽지가 간질거리지 않는가?

결론

 "지도자가 넉넉한 생활을 하게 되면 인간의 고통을 잊어버리게 된다. 따라서 그들의 희생이라는 말은 위선으로 변한다. 나는 과거의 착취와 야만이 오히려 정직하였다고 생각한다. 햄릿을 읽고 모차르트의 음악을 들으면서 눈물을 흘리는 (교육받은) 사람들이, 이웃집에서 받고 있는 인간적 절망에 대해 눈물짓는 능력은 마비당하고 또 상실당한 것이 아닐까?"(조세희, 『난장이가 쏘아 올린 작은 공』, 1978)

 한국의 좌파들은 정부 및 여당의 공감부재를 강조하며 은밀하게 자신들이 진정한 공감쟁이라고 주장한다. 하지만 좌파들은 '이웃집에서 받고 있는 인간적 절망에 대해 눈물짓는 능력'이 '마비당하고 또 상실당한' 이들 사이에 분명히 한 자리를 차지하고 있다. 물론 타인의 고통에 대한 예리한 감수성과 공감 능력은 언제나 옳은 것이다. 하지만 그렇다고 해서 이러한 공감에 의해 촉발된 모든 행위나 실천이 언제나 반드시 옳은 것은 아니다. 정의를 추구한다는 것은 결코 쉬운 일이 아니다. 예를 들어 히틀러 시대의 독일인들은 나치당원들이 갖고 있었던 유대인들에 대한 두려움, 불안감, 분노, 그리고 비애에 깊이 공감했다. 하지만 이 공감이 정치적 실천으로 이어졌을 때 돌이킬 수 없는 인류사적 재앙이 되었던 것이다. 타인의 고통을 경감시켜 주기 위한 목적으로 내가 한 행위가 오히려 더 큰 고통을 가중시킬 가능성은 얼마든지 있다. 역시 문제는 공감이다. 보다 엄밀하게 말하자면 문제는 공감의 깊이다. 참으로 공감할 줄 안다는 것은 역사 속에서 타인들을 위한 정의라는 명목하에 자행된 폭력의 피해자들에게도 공감할 줄 알아야만 한다는 것, 정의의 실천이 사악한 무기로 변질될 가능성에 민감할 수 있어야만 한다는 것을 뜻한다. 그렇지 않을 경우 아무리 공감을 부르짖는다

할지라도 반쪽짜리의 불완전한, 경우에 따라 불의할 뿐 아니라 불성실하기까지 한 공감일 뿐이다. 사실상의 자기정당화일 뿐이다.

나의 생각이, 의식으로서의 내가 존재하는지의 여부를 확증하기 위해 데카르트는 모든 것을 의심했다. 고작 '나'(의 의식)가 실재함을 증명해 내기 위해 내가 알고 있다고 믿어 왔었던 '모든 것', 내가 의지하여 왔던 '전부'를 의심했던 것이다. 고작 '나'와 관련해서 무언가를 확실히 한다는 것이 이렇게 지난한 일인데 하물며 '타인'을 위해, 타인을 위한 도덕을 확립하기 위해, 타인을 위한 정의를 실현하기 위해, 타인을 위한 정치를 구현하기 위해, 내가 어떤 실천을 해야 하는지를 확실히 하려는 시도를 감행한다는 것은 얼마나 많은 회의와 좌절과 갈등과 용기 –그저 지금 이 순간의 내 실천에 대한 확신을 유지할 수 있는 용기를 넘어서 나의 모든 실천의 정당성을 의심할 수 있는 그러한 용기– 를 필요로 할까? 사실, 『실천이성비판』에서 칸트가 지적하는 것처럼 유한한 존재인 인간은 도덕법칙이라는 의무에 대답함에 있어서 자신을 제약하는 욕망이나 성향과도 같은 유한한 조건들을 초월할 수 없기에 얼마든지 잘못을 범할 수 있다. 내가 존재한다는 사실을 확증하는 것은 어렵다. 내가 나를 넘어서서 다른 누군가를 위해 선한 무엇인가를 행하고 있다는 사실을 확증하는 것은 더욱 어렵다. 게다가 자본주의는 부르주아 도덕뿐 아니라 신적 도덕이나 좌파적 도덕, 도덕 법칙들뿐만 아니라 공감과 같은 도덕적 동기들, 요컨대 선 그 자체를 상품화시켜 버렸다. 그러므로 정의는, 윤리는 어렵다. 게다가 도덕적 의무와 일치해야 할 자유의지가 보이지 않는 가능성의 왕국으로 끝없이 밀려나는 반면, 자유의지가 물질과 이데올로기에 구속되어 있다는 기계론적 필연성이 자본주의라는 왕국의 현실 그 자체인 것처럼 보인다. 자본주의화한 인간의 탐욕은 강하나 도덕은 그 가능성조차도 한없이 약하다. 사실 굳이 자본주의 체제의 유연화 가설을 끌어들이지 않더라도, 선의 실천은 이미 언제나 그 자체로 난제였다. 레비나스 Emmanuel Levinas는 자신의 저서인 『존재와는 다르게 또는 존재사건의 피안 Autrement qu'être ou au-delà de l'essence』(1974)에서 '말하기 le dire'와 '말해진 것 le dit'을 구별하는데, 그가 말하는 윤리l'éthique는 존재로부터 '존재와는 다르게autrement qu'être'로의 이행passage의 운동, 즉 말해진 것le dit으로부터 말하기le dire를 향해 나아가는 운동과 일치한다. 레비나스에게 있어서 존재와 존재 안에서 발생하는 사건들은 '말해진 것le dit'에 해당한다. 이와는 달리, '말하기le dire'는 주체와 타자의 관계로서의 '윤리'l'éthique를 뜻한다. 그런데 윤리, 즉 주체와 타자와의 관계로서의 '말하기'는 언제나 전체성과 체계를 지향하는 '말해진 것'에 의해 배반당하고, 가려지며, 망각된다. 존재의 언어로서의 '말해진 것'은 언제나 윤리의 언어로서의 '말하기'를 번역하는 동시에 배반하는 것이다. '말하기'와 '말해진 것'을 구분하는 레비나스는 윤리적 주체와 존재론적 주체도 역시 구분한다. 한편으로는 '말해진 것'의 영역에 속하는 존재론적 주체가 있고, 다른 한편으로는 '말하기'의 영역에 속하는 윤리적 주체가 있다는 것이다. 윤리적 주체가 타자와 관계하는 주체라면, 존재론적 주체는 자신의 활동에 의해서 대상과 세계를 구성하는 주체이다. 그런데 '말하기'가 '말해진 것'의 배반으로 인해서 주제화라는 존재론적 언어로 번역되는 것

결론 121

과 마찬가지로, 타인과의 관계로서의 윤리적 주체는 대상과 세계를 구성하는 존재론적 주체로 번역될 수 있다. 말하자면, 말하기로서의 윤리적 주체는 말해진 것으로서의 존재론적 주체로 추락하거나, 타락하거나, 변질되는 것이다. 이러한 관점에서 볼 때, 존재론적 주체가 행하는 세계 구성이나 실천은 윤리적 주체가 위치하는 자리인 '말하기'에 대한 대답réponse이라고 볼 수 있을 것이다. 하지만 존재론적 주체의 세계 구성이나 실천은 주체의 타자에 대한 관계이자 타자에 대한 책임을 의미하는 '말하기'에 대하여 결코 적절한 대답réponse adéquate이 될 수 없다. 왜냐하면 존재론적 주체의 모든 활동은 '말하기'를 배반하는 '말해진 것'의 영역에 속하기 때문이다. 이것은 곧 존재론적 주체의 모든 활동은 그것이 선의 실천이든 정의의 실천이든 이미 언제나 근원적인 '말하기'의 배반이자 망각이라는 것을 의미한다. 쉽게 말해서, 모든 세계 속에서 행해지는 모든 선의 실천은 윤리의 배반일 수밖에 없다는 것이다. 이러한 의미에서, 선의 실천을 갈망하는 이는 그리스 신화에 나오는 탄탈로스Tantalos에 비유될 수 있을 것이다. 신화에 의하면, 제

우스의 아들인 탄탈로스는 제우스의 사랑을 많이 받아서 오만방자해졌고, 그 결과 신들로부터 벌을 받게 되었다. 탄탈로스가 받은 벌은 영원히 갈증과 굶주림에 시달리는 형벌이었는데, 목까지 늪에 빠진 상태에서 그가 물을 마시려고 고개를 숙이면 고개를 숙인 바로 그만큼 물이 밑으로 내려가고, 또 그가 늪가에 자란 나무로부터 뻗쳐진 나뭇가지에 열린 과일을 따먹으려고 고개를 들면 고개를 든 바로 그만큼 과일이 열린 나뭇가지가 위로 올라갔다고 한다. 선을 실천하고자 하는 이는 탄탈로스의 형벌을 받고 있는 것은 아닐까? 내가 선하다고 확신하는 것을 실현시키려고 한 발자국 앞으로 나아갈 때마다 선은 뒤로 물러나 도망가 버리는 것은 아닐까? 그래서 내가 선의 실천을 갈망하면 할수록 선에 대한 나의 갈증은 영원히 채워지지 않는 것은 아닐까? 마치 내가 실천하는 모든 현실적 선들이 참된 선, 즉 윤리의 배신이기라도 한 것처럼 말이다. 그리고 이것은 오늘날 자본주의적 현실 속에서 좌파적 실천을 포함한 모든 선의 실천이 처한 바로 그 상황이 아닌가? 인정하자. 유한한 우리는 선의 실천의 정당성 여부를 절대적으로 정당화시키는 것이 불가능한 윤리적 불확실성 속에 처해 있을 수밖에 없다. 그렇다면, 적어도 이것만은 확실하다.

1. 정의의 추구를 목표로 하는 실천이 반드시 언제나 정의로운 것은 아니다. 다시 말해 비록 우리 편의 목표가 정의롭다고 하더라도 우리 편의 실천은 불의할 수도 있는 것이다.
2. 설령 우리 편의 목표뿐 아니라 실천 역시 정의롭다 할지라도, 나 개인의 목표나 실천이 반드시 언제나 정의로운 것은 아니다. 즉 우리 편이 옳다고 해서 내가 반드시 옳은 것은 아니다.
3. 그러므로 정의를 추구한다는 것은 절대로 쉽거나 만만한 일일 수가 없다.
4. 그렇다면 너의 목표와 실천이 절대적으로 정의롭다고 절대적으로 확신하고 있는 너는 이미 언제나 불의하다.

이 책의 본론에서 제시된 모든 분석은 한낱 이론에 불과할 뿐이다. 그럼에도 불구하고, 이론은 우리에게 현실에 관한 어떤 중요한 사실을 알려 주고 있는데, 그것은 바로 혁명을 위한 좌파적 과제를 실천한다는 것이 시간이 갈수록 더 어려워지고 있다는 사실이다. 그리고 변화된 상황으로 인한 이러한 실천의 난점은 실천에 관한 새로운 이론, 즉 새로운 이론적 처방을 요구하고 있다. 하지만 한국의 좌파 이데올로그들은 현실 사회주의의 몰락 이후 이러한 요구에 충실하게 임하였던가? 아니, 처방은 고사하고 그들은 실천의 난점에 대해서조차도 충분히 숙고하지 않았다. 그들은 현실의 진단마저 게을리해 온 것이다. 그렇다면 도대체 그들은 무엇을 해 왔던가? 혁명을 위해pour la révolution 사실상 아무 것도 하지 않았다. 반면 혁명에 반해contre la révolution 지나치게 많은 것을 하여 왔다.

스스로 좌파라고 믿고 있으며, 스스로의 좌파적 실천이 옳다고 믿고 있는 이에게 묻는다. 너는 네가 행하는 것이 정당한지 충분히 정당하게 의심해 보았는가? 네가 실천하고 있는 것이 정당한지 충분하고도 정당하게 의심하지 않으며 '넉넉한 생활'을 영위하고 있는 너는, 그렇게 네 자신의 실천에 네 자신이 부여한 확고한 의미의 기름기로 가득 채워진

빵빵한 계급적 뱃살에 대한 *좌*부심을 갖고 있는 너는 이미 타인의 고통을 잊어버렸고, 네가 지켜야만 했을 참된 이웃인 박탈당한 이들을 잃어버렸다. 없는 자들은 그렇게 잊혀졌다. 그렇기에 네가 말하는 공감이란 것은 너 자신을 위하는 감정의 외적 투사에 불과할 뿐이다. 또 그렇기에 네가 말하는 희생이란 것은 참된 희생자들인 박탈당한 이들의 고통을 흉내 내는 것, 한갓 희생 코스프레에 불과할 뿐이다. 모든 실현 가능한 실천의 정당성을 가늠하기 위한 참된 잣대는, 다시 말해 정의로운 실천의 가능성의 조건은 혁명이다. 그러나 혁명은 기존의 현실 속에서는 실현 불가능하다. 따라서 현실 속에서 정의로운 것으로 인정받고 있는 (즉 오인되고 있는) 모든 실천은 선의 시뮬라크르, 즉 위선일 뿐이다. 그렇다. 윤리는 혁명이다.